星出版

新觀點
新思維
新眼界

寬恕的禮物

22 則真實人生故事，學習放手、繼續往前走

The Gift of Forgiveness

Inspiring Stories from Those Who Have Overcome the Unforgivable

凱薩琳·史瓦辛格·普瑞特 著
Katherine Schwarzenegger Pratt

洪世民 譯

Star 星出版

謹以這本書獻給我的家人，以及所有曾親身實踐過寬恕，或勇於實踐的人。也要獻給所有給予和接受過寬恕的人。希望我們都能了解，凡是人，都有掙扎的時候，而我們每一個人都可以在彼此生命中成為同情、同理、諒解與愛的力量。

關於寬恕

要了解真相,必須承受痛苦,但我們不必為
了讓真相鮮明,而繼續痛苦下去。

這點使我難以寬恕:不去重溫體會過的感覺,感
覺就會憑空消失;要是傷害我的人沒看見自己造成的
影響,我的痛苦就失去意義。就此而言,我扔進湖水
裡的石頭比我還明白事理。它激起一陣漣漪,便消失
不見。

寬恕其實就是心的澄淨:不再以傷害過我的人來
定義我是誰;勇於承擔愛自己的風險,不論痛苦與
否,都可以證明自己真確存在。

受過委屈的人會說,為了讓正義之火繼續燃燒,
我們需要繼續燒灼綻開的傷口,做為永久的證據。像
這樣活著,傷口就不可能癒合。像這樣活著,我們便
宛如普羅米修斯(Prometheus),讓自己的內臟天天
被「受傷」這隻巨鳥啃食。

比起找理由為傷害我們的人開脫,寬恕會帶來更

深刻的報償。深刻的痊癒會換走怨恨，帶來內心的自由。最終，就算對方始終渾然不覺，傷口也可以癒合，我們的人生也可以走下去。

———馬克・內普（Mark Nepo）

目錄

寬恕是放手的努力，
好讓人生持續邁步向前

　　我還記得是在哪一剎那明白自己想深入探究寬恕的。那天，我去了一家我喜愛的在地餐館，就在我站在停車場裡的時候，突然迎面走來一個女孩。她，曾是我口中最好的朋友。

　　我們不只是最好的朋友——可說情同姊妹，從出生便形影不離。從生日、衣服、朋友、家人、祕密，乃至夢想，我們什麼都和彼此分享。我們覺得彼此融為一體；事實上，多數人也把我們的名字連在一起，把我們視為永不分開的一對。

　　然後，在相知相惜二十多年後，我們鬧翻了——讓我徹底崩潰。她的缺席在我的生命留下了一個大洞。我的人生第一次沒有最好的朋友陪伴，沒有她，我根本不認識自己。此情不再，影響了我的生活的所有層面。那糟透了，讓我支離破碎。

在總算能夠拉開距離、讓時間沖淡一切後，我告訴自己：我沒事了，已經原諒我曾經視為心頭肉的那個人了。但，才宣布自己已大步向前不久，我卻和老友不期而遇。我頓時明白，我離走出絕交的陰影還很遠，甚至一步也沒踏出去過。站在她面前，我覺得自己好焦慮、好害怕、好受傷、好生氣、情緒激動，而就在那一剎那，我知道自己不想再有那種感覺了，尤其對象是她。

我當場對自己許下承諾：我要重新投入寬恕。這一次，我要更深入。我決定每星期去治療一次，有時兩次。我向牧師尋求協助，向有各種信仰和無信仰的人請益。我跟所有年齡、所有背景的人士討論，和朋友，甚至沒那麼熟的人對話。我發現，很多人都有類似決裂未癒合的經驗。我繼而研究許多寬恕的故事來鼓舞自己寬恕一切，好讓人生持續邁步向前。

有人或許覺得和最好的朋友吵架是芝麻小事，但對我，以及很多跟我討論過的人來說，一點也不小。我已經了解關係破裂有林林總總的情況，而沒有人能夠告訴你要怎麼處理像你那樣的傷痛，告訴你那對你有何意義，或將如何影響你的世界。

　　我知道，探討寬恕是項艱鉅的任務。要是我沒有徹底弄清楚，我會一輩子耿耿於懷。我知道，那終將變成創傷，使我受盡苦楚。老友再次出現的那一刻，我恍然明白，寬恕是遠比我想像中深奧、複雜的主題，也是我想要實踐得更好的事。

　　現在回頭看，我非常感激自己在那時決定開始了解寬恕，因為那真的是一輩子的工作。如果你不知如何寬恕他人，寬恕那些你曾經深愛、依然深愛的人，尤有甚者，不知如何寬恕自己，是很難熬過這一生的。寬恕不是說「我原諒你」就夠了，寬恕是放手的努力；對我來說，寬恕已證明是源源不絕的禮物。

　　回顧我的寬恕旅程，我學到的最重要的事情就是這份禮物的力量有多強大。我鼓勵大家試著歡迎寬恕的禮物進入生命，那是一段引人入勝的旅程，會讓你持續成長，一再通過考驗。

　　我當然絕非寬恕專家，我自認是寬恕的學生，仍在學習寬恕，這就是我想寫這本書的原因，也正因如此，我想要採訪書中那些經歷過獨特寬恕之旅的人士。我們的對話包含一些我見證過最不可思議的敘述，令人心碎又欽佩，更帶來希望與啟發。但在我告

訴你我和老友的關係如何演變之前，先讓我帶你回到最初，我第一次和「對不起」擦身而過的時候。

　　那天，我人在幼兒園的遊戲場。我到現在仍清楚記得，得知我的朋友欺騙我、背著我跟別人一起玩的時候，我五歲身體裡燃燒的怒火。我記得，我回家跟媽媽哭訴被朋友騙了有多難過。我媽解釋，每個人都會犯錯，我們必須原諒朋友。所以，我原諒她了。隔天上學，我告訴我朋友我原諒她了。她說對不起，我們相互擁抱，和好如初。

　　多年後，我才明白，那其實不是寬恕。一時的原諒很容易讓我們陷進不健康卻持續良久的模式。沒有恰當處理問題或事件，我們迴避了真正必須面對的事情。我們把該挖出來的東西埋起來了，我們保護了必須劃清界線的人。我已經了解，寬恕可能有時讓我們覺得軟弱，有時讓我們覺得堅強；可能困住你，也可能放你自由。

　　我漸漸明白，真正的寬恕比我們在幼兒園遊戲場學到的經驗微妙得多。那不是單一步驟，不是一句

「對不起」；寬恕需要誠實、勇氣、反省、仔細聆聽的能力，需要想原諒但也許不想忘記的渴望。最重要的是，那需要許許多多的愛，一再付出的愛。**實踐寬恕本身就是一種報償，是給你自己和全世界的禮物。**

　　好，話題拉回我的老友。今天，我很高興告訴各位，我們還是朋友。我不再耿耿於懷了，曾有的焦慮煙消雲散。現在，我們深愛彼此、尊重彼此，給彼此最深的祝福。碰面的時候，我們開懷大笑、敘敘舊，聊聊近況。這份寬恕是我們兩個人的寬恕，是一段共享的旅程，是我們兩個人所做的選擇，要繼續一起努力的選擇。我們的目標不是回到過去的親密，而是做出修補、往前邁進。我把這種寬恕稱為「有意識的寬恕」——為了寬恕、為了繼續往前走，我們在人生旅途上刻意一做再做的選擇。也許為了家人；也許為了友誼；也許為了婚姻、分居、離婚，甚至死亡。這是我們自己做的選擇，一輩子都要做的選擇。

　　為了了解友誼破裂的影響，我下了一番苦功，那讓我得以更深入地省視自己，檢討自己在那場決裂扮

演的角色。我也開始觀察其他的人際關係，看看哪裡也許太輕易寬恕、哪裡溝通得不夠清楚、哪裡深埋著改用其他方式宣洩的怨恨。在學習如何寬恕朋友的過程中，我學會了如何原諒自己，以及其他讓我覺得受傷的人。這些督促我進行誠實得殘酷的自我分析，用愛與寬恕尋找新的前路。我可以驕傲地說，我在人生所有領域都這麼做了。而我所做的一切，都帶我回到幼兒園的時光。

　　原來，那麼多年前在遊戲場學到的課題，終究有幾分事實。我們都是人，人都會犯錯，而在人生中的某些時刻，我們都會面臨要請求寬恕或給予寬恕的情況。所幸，請求寬恕，或給予寬恕，是我們與生俱來的力量。所以，我強烈建議你依循自己的步調、順著自己的心意，欣然接受這段旅程。

　　長久以來，在我自己的友誼、人際和家庭方面，我一直在和寬恕搏鬥。我確信，未來一定還有需要寬恕或請求寬恕的時候，這就是為什麼我非常感激在這本書中與我分享寬恕故事的人士，他們每一位都走過不同的路，經歷不同的故事。我從他們的旅程汲取的，是我個人的收穫；你從閱讀他們的故事得到的，

也將是你個人的收穫。因此，這本書的重點不是我，而是我採訪的每一位極其感動、鼓舞人心的人士。重點是你。我希望這本書對能和每一個人對話——不分年齡、背景、信仰——因為寬恕沒有所謂正確或唯一的方法，只有你自己的方式。

我為這本書採訪的每一位人士都這樣教我：你必須堅持到底，提醒自己寬恕是一段起伏不定的過程，一路上切莫評斷自己或他人。希望這本書能讓你覺得沒那麼孤單。希望你能夠慢慢細讀，或許一次一篇故事，細細思忖，並不時回頭溫習。我在寫的時候就是這樣。寬恕，若做得對，便是禮物；若做得好，便可能創造奇蹟。

接下來就是寬恕的故事，有些主人翁的名字你可能聽過，其他則不然。每一位都可以教給我們寶貴的課題，希望你可以在本書的字裡行間找到靈感，幫助你踏上屬於你的寬恕之路。

1

伊莉莎白・史馬特
Elizabeth Smart

失而復得的純真

「唯有寬恕能實現孩子夢想中的奇蹟：破碎
的恢復完好，玷汙的潔淨如初。」
——道格・哈瑪紹（Dag Hammarskjöld），
已逝聯合國祕書長、諾貝爾和平獎得主

2002年6月，十四歲的伊莉莎白・史馬特在猶他州
鹽湖城家中臥房遭到綁架。她被囚禁了九個月，
綁匪（一對夫妻）把她綁起來，天天強暴她，還威脅
她說：如果她敢逃跑，就殺光她全家人。2003年3月，
她被警方救出，回到家中。這樣的苦難會使許多人一
輩子憤恨難消，但令人難以置信地，伊莉莎白並未如
此。她獲釋後不久，便決定原諒綁匪，就算他們對她
做了那麼多慘無人道的事——她繼續前行，邁向人生

的旅途。

　　寬恕不會立刻發生，而是一個過程。跟很多人一樣，伊莉莎白從小覺得寬恕很容易，就像她在遊戲場學到的：「有人把你推倒，說『沒關係，我們還是好朋友』的人比較寬大。」獲救返家後，她依然以這種方式看待寬恕，過了許久才明白，寬恕不是你送給別人的禮物，也不是全然原諒發生的一切，而是你為自己做的事。絕對沒理由能為她遭遇的可怕犯行開脫，但她發現可以藉由接納自己的過往，取回屬於自己的未來。

　　要到努力重新適應日常生活的時候，伊莉莎白才明白，童年的寬恕版本不再適用。她了解有一點非常關鍵：「寬恕不見得要有來有往。那是非常私人的事，不一定要兩個人才能讓寬恕發生。」她了解寬恕的核心是同情：同情傷害你的人；更重要的是，同情自己。她告訴我：「這是在愛自己。是允許自己感受到情緒、允許自己處理那些情緒，就算是憤怒也沒關係。」

　　伊莉莎白剛回到家時，母親叫她盡量別去回想那段苦難的經歷。綁匪已經讓她身心受創、遍體鱗傷；一再重回囚禁的情境，會讓她繼續受制於他們。她知

道繼續生他們的氣無濟於事，既懲罰不了他們，也無法抹去他們對她造成的傷害，只會害自己深陷創傷與憤怒的循環。對她來說，繼續氣憤難平，代表自己永遠快樂不起來：「永遠無法享受人生。」收回自己的人生才是最重要的事，想通這點後，她終於能夠拋開憤怒。

雖然經歷了這麼多，伊莉沙白仍能找到感激的理由。她指出，很多綁架案都是受害者認識的人所為的。她告訴我：「我真的覺得很幸運。綁架、侵害我的是陌生人，因為大部分有類似經歷的人，都認識綁匪。對我來說，我不必跟他們有任何瓜葛。他們自此離開我的生命，這讓一切簡單多了。」就算身處最黑暗的時刻，她仍能看出這樣的微光，這有助於她邁步前行。

儘管對綁匪選擇了寬恕的路，伊莉莎白承認自己仍有掙扎的時候。她表示，不時被憤怒或悲傷淹沒是正常的。她告訴我：「一旦感覺自己再次掉入憤怒或悲傷之中，允許自己經歷那些感受，然後給自己足夠的愛來放開它們，試著擁抱人生，繼續前行。」她建議身處類似境遇的朋友，慢慢來。熬過這些感覺，是

每個人必須以自己的步調做的事。只因還感受到那些情緒，就把自己鞭笞一頓，只會更難向前邁進。

伊莉莎白建議，痊癒要從接受開始。「接受你很生氣，接受你受傷了，接受你發生過造成創傷的事。然後，我建議你盡你所能地愛自己。那一刻，甚至不要想寬恕的事，只要試著開始愛自己就好。我想，隨著你對自己的愛慢慢滋長，你就能夠放下身上發生的事了。」

為了增強決心，伊莉莎白常和支持她的人在一起：朋友，特別是家人。他們陪伴她走完寬恕的過程，也在她不進反退的時刻，幫助她重整旗鼓。為自己設定目標，也依靠這群積極、正向的親友，使她不致脫離軌道，尤其是經歷「情緒坑洞」、可能使她備受挫折的時候。「我盡我所能讓生命充滿正向的情感、正向的人、正向的活動。」

讓自己被愛圍繞，也使她遠離那些可能把她往後拉的人。綁匪對她的痊癒毫無助益，她說：「我不想在綁匪的控制陰影下過日子，不論他們是站在我旁邊，還是關在百哩外的監獄。我不想在恐懼中度日，也不想覺得自己必須對每一件事、每一個人擔心受

怕。」事情對伊莉莎白來說相當明確：一直回溯綁匪，只會阻止她前進，她不會為了無法改變的過去犧牲自己的未來。

　　獲救約一年後，有人問伊莉莎白是否已經原諒綁匪？她清楚記得自己如何思忖最貼切的答覆。「我覺得好像突然間明白了什麼是真正的寬恕。我記得，我是這麼想的：『嗯，我已經向前走。我已經放下了，我已經原諒。』」她確實體悟到，寬恕是一種愛自己的舉動，緊抓著過去的創傷不放，只會消耗你目前的情緒空間。她深刻了解到，「愛自己，給自己過充實人生的自由」是向前走的關鍵。她對寬恕的理解是得自「成長與經驗，傾聽其他倖存者的心聲，並經歷一段內省的過程，才終於能夠侃侃而談。」

　　當原定 2024 年才能出獄的女綁匪提前於 2018 年 9 月獲釋，伊莉莎白向前走的決心再次遭受考驗。雖然備受煎熬，她的寬恕卻未動搖；她多年來如此勤於維繫的自愛已根深柢固。她能夠這般堅強，關鍵也就在她對於自己的愛。「我跟自己的關係非常好，我以現在的我為榮。我的意思是，我當然不完美……當然有很多缺點必須努力改正。但我喜歡現在的我。」

第一次聽到伊莉莎白談寬恕時，我心想：「她怎麼可能寬恕那兩個帶給她那麼多痛苦、徹底改變她生命歷程的人？」但是聽了她如何拋開面臨的恐懼，把焦點擺在自我療癒，我豁然開朗：寬恕，首先，要從自己開始。善待自己，允許自己過完整的人生、你該擁有的人生，是向前走的第一步。伊莉莎白走出黑暗的旅程教我們：寬恕，其實是一種愛自己的舉動。

2

克里斯・威廉斯
Chris Williams

兩個世界對撞

「無法原諒別人的人，會毀掉自己非過不可
的那座橋，因為每個人都需要得到原諒。」
——愛德華・赫伯特（Edward Herbert），
第一任徹爾布里的赫伯特男爵
（Baron Herbert of Cherbury）

2007年2月9日晚上，克里斯・威廉斯和妻子及三
個最小的孩子出門買甜點。一小時後，他的人生
將永遠改變。克里斯回想，在他和家人開車回家的路
上，他看到一部汽車快速開下山丘，直直向他們衝過
來。克里斯試圖偏離方向，但來車衝力太大，還是撞
上了。

他記得聽到震耳欲聾的撞擊聲。當車子終於停

下，四周一片死寂。他回頭望著副駕駛座上一動不動
的妻子，知道她已經斷氣。他使勁轉身，看看後座
的孩子們是否安好。兒子和女兒毫無動靜，他馬上知
道，他們也走了。雖然看不到另一個兒子，但他直覺
他沒事。他把身子轉回前座，看著他毫無生命氣息、
肚裡懷著寶寶的妻子。他呆若木雞，沒辦法思考剛剛
發生的事。他閉上眼睛，覺得無助而絕望；他痛不欲
生，恨不得自己也死掉。然後，他睜開雙眼，看到剛
剛撞到他的那輛車。一股奇妙的平靜感油然而生。雖
然那一刻如此戰慄，但他已經知道，自己會原諒那名
駕駛。

我們很多人都覺得不可能原諒從我們身上奪走那
麼多的人，克里斯卻明白那是他的選擇。他回憶道：
「沒有人可以奪走我們在面臨那些情況時決定做何回
應的能力。我要走那條我明知不會還我公平正義、不
會讓一切落幕，也不會把我的家人帶回來的路嗎？那
條路只可能用憤怒和復仇毒害我剩下的家人。或者，
我可以選擇放下一切，選擇換一種方式痊癒呢？」

在克里斯以自己的方式面對這場悲劇時，他身邊
的人也是如此。他的母親難以接受突然失去孫子和媳

婦的事實。他說，車禍剛發生時，他的母親無法寬恕。「她想報復。不管什麼時候有假釋聽證會，她都希望我去，但我從來沒去過。」克里斯的母親親自感受不願放下是什麼感覺。原來，對她而言，拒絕寬恕會開始毀掉你、吞食你。她終於領悟：『我不喜歡這樣，我不能這麼過。』」

人們常常緊抓著憤怒不放，以為那才能治癒他們的痛。等到恍然大悟，了解那樣只會使他們受困創傷、無法痊癒，他們才會訴諸僅存的希望：寬恕。就算痛苦、就算失去，克里斯仍能寄予同情，這點幫助他撫平他的痛苦。緊抓著憤怒不放，就像讓傷口繼續皮開肉綻，你始終沒有給它癒合的機會。

選擇寬恕這條路，為克里斯和家人帶來平靜，也幫助開另一輛車的年輕人重建人生，他的名字叫卡麥隆。對克里斯而言，要取回人生的掌控權，除了寬恕，別無選擇。他明白，企求報復會讓他深陷永無止境的憤怒——怨恨循環。「走上憤怒或報復之路、力求嚴懲，這條路不會有圓滿的結局。那可能有一陣子會讓我感覺不錯，但無法讓人死而復生，也無法讓痛楚消失，只會助長憤怒與不公不義的有毒氛圍。」

　　寬恕並不容易，是一場持續不斷的奮戰。誠如克里斯所形容的：「我覺得放下一切的渴望是場戰役，分分秒秒都在搏鬥。我會對自己說：『如果我做得到五分鐘，何妨再做五分鐘……。』時間一久，就變得容易一些了。我慢慢培養放下的能力，就像運動員愈來愈擅長他們練習的運動。」寬恕的能耐會隨時間增強，你有機會鍛鍊出克里斯所謂的「寬恕肌肉」。

　　克里斯不把寬恕視為義務，而是一份禮物：「我相信，那是你能送給自己最棒的禮物。那賦予你能力，在看似所有選擇都被奪走時取回掌控權；賦予你機會，在身處最劇烈的痛苦時感覺寬心。寬恕的人會得到百分之百的效益。」

　　寬恕也協助修復了另一位駕駛的人生。克里斯說，他一直為年輕的車禍肇事者卡麥隆設想，從兩人被匆匆送進急診室的那一刻，他就一直把卡麥隆的身心健康放在心上。克里斯記得在急診室裡，就算自己痛苦難當，他仍一再詢問卡麥隆的情況。「每當我覺得憤怒或難過，我都不想把矛頭指向他，因為那會將他帶回我的生命。我只希望有辦法和我的家人、朋友和摯愛，一起走出那些強烈的情緒。」經由將悲傷從

源頭導向親朋好友的支持，克里斯終能走出傷痛，並與他最愛的人更加親密。

克里斯之所以如此善於寬恕，背後有個祕密。有個重擔，他已經背負了一輩子，而他知道卡麥隆也必須背負。克里斯十六歲時，有天早上開車上班，撞到一個跑到馬路上的小男孩。男孩送醫急救，奮力求生幾天後仍回天乏術。雖然他完全無法避免那起意外，男孩的死仍讓他此後備受折磨。車禍後，男孩家人對克里斯很和善，甚至寫信給他，試著消除他的罪惡感。儘管得到他們的諒解，克里斯仍為奪走一條人命自責不已。

數十年後，換成他失去家人，他馬上能對卡麥隆感同身受。他知道，他和卡麥隆現在都必須背起這個雙重包袱了：克里斯要承受喪妻喪子之痛，卡麥隆要承受奪走人命的歉疚。但從一開始，克里斯就從同理心得到慰藉。克里斯和卡麥隆共同背負的包袱，成了兩人之間的連結，在兩人向前走的同時，幫助彼此痊癒。

克里斯不希望那起車禍毀了卡麥隆的一生；他希望卡麥隆過有意義的人生。有次兩人碰面，卡麥隆問他：「我這樣害死你的家人，你怎麼可能原諒我？」

理解這位年輕人的痛苦，希望他繼續前進，克里斯請卡麥隆挑一個日期，在那天以前放下愧疚。

克里斯的寬恕也有一部分是受到信仰啟發，當他需要安慰時，他總能求助於信仰。他知道他的妻小都在天堂，他會想像他們希望他怎麼做，以此為指引。「我的信仰傳統認為他們還活著。某種意義上，我覺得他們正在注視著我。我感覺他們希望我開心。如果我生氣，我太太就會突然出現，而她衝口而出的第一句話會是：『你在幹什麼？你幹嘛難過？幹嘛生氣？我們沒問題，向前走，開心點。我們最後會在一起的。』」想到妻子，克里斯便能時時提醒自己，選擇寬恕是唯一可以活下去的方式。

能夠訴諸自己的信仰，也讓克里斯得以理解那起永遠改變他人生的意外。他回想：「有時那些悲劇，那些進入我們生命的試煉，就算只是偶然，也是神的安排。神會用祂的恩典，從中創造出奇異的事物，而那些事物會繼而成為我們人生體驗的基石，引領我們爬得更高、看得更遠。」

對我們多數人來說，在最需要寬恕的時刻，那段旅程卻看似不可能走完。有些人可能要花好幾個月才

能抵達，有些人要花上好幾年的時間，有些人則可能永遠無法寬恕。我問克里斯，有沒有什麼建議可以給那些自認永遠無法寬恕的人？他說：「我會提醒他們，允許自己成長，允許自己踏上那段向前的旅程。不要指望一蹴可幾，不要指望馬上就能理解寬恕。」

這樣的自我允許，也幫助克里斯引導自己的孩子努力邁向寬恕。他告訴我：「我想，他們真的很感激我從頭到尾陪他們走完那段旅程。我沒有要求他們立刻抵達某個目的地，也沒有要求完美。」每個人會以自己的方式、自己的速度抵達寬恕，我們需要對自己溫柔，對別人寬厚。每個人都會有需要支持的時刻，都會有覺得分外孤獨的時刻。

克里斯說，對他來說，寬恕是一種練習。「那其實是一種生活方式，就好比說：『不管別人怎麼做，不管人怎麼說，我就是要取回自己的選擇權。』這是你每天都必須練習才能真正做好的事。」正因相信寬恕的力量，克里斯才能熬過難以想像的悲劇，重建希望之路。

克里斯不同凡響的故事，給我上了一門強有力的寬恕課：背負舊傷的痛，可能使我們更能感受他人的痛。過去犯的錯，可能讓我們更有同理心；過去的失去，可能讓我們更富於同情。我們的掙扎更提醒我們：我們都是人，也讓我們能夠超越過去，和善地對待自己與他人。

3

莎拉・克萊恩
Sarah Klein

邪佞的手指

「寬恕與他人犯的錯是否嚴重毫無關係；無
關乎他們有多邪惡、殘忍、自戀、不思悔
悟。當你寬恕對方，你便與那些讓你深陷痛
苦的惡行之間，再也沒有瓜葛。」
　　——布萊恩特・麥吉爾（Bryant McGill），
　　　　　　　　　　　　　　　暢銷書作家

莎拉・克萊恩在密西根州蘭辛市一個小郊區長
大，當地以熱愛名校密西根州立大學聞名。莎
拉五歲時，鄰居邀她去上在地的體操課，她立刻愛上
這種運動。母親幫她報名課程，而拜天賦所賜，莎拉
進步神速，不久便獲邀參加競技隊伍選拔。八歲時，
一位名叫拉瑞・納薩爾（Larry Nassar）的醫學院預科

學生加入體操隊擔任志工，為申請醫學院累積經驗。在莎拉和其他隊友心目中，拉瑞安全無害又有愛，反觀他們的教練約翰‧吉德爾特（John Geddert），就被莎拉形容成「粗暴的自戀狂，會為了勝利不擇手段。」

有一次，莎拉在吃力的練習後吐了，吉德爾特教練竟然用力把莎拉的臉壓到她的嘔吐物裡面，一邊出言羞辱。相較於吉德爾特教練的高壓統治，莎拉和隊友都認為拉瑞是體育館裡「最好心、最憨厚、最沒架子的人，永遠笑容滿面、和藹可親。」

拉瑞把治療室設在體育館裡面一個廢棄的房間，開始為莎拉治療運動傷害。他非常有說服力，而因為對象是小女孩，他違反常情的治療方法都變得正常。他為傷患營造了友好、關愛的環境，美好到莎拉這麼回憶：「因為約翰對我們不好，我們一直很高興去拉瑞那裡。拉瑞人很好，很有愛，他把自己塑造成保護者的角色，保護我們對抗約翰。」他為他治療的女孩扮演英雄的角色，所以每當女孩被送去他那裡，都覺得如釋重負。一有機會離開總教練，她們滿懷感激。

待在競技體操隊期間，莎拉一有病痛就去找拉瑞，於是兩人變得十分親近。在那十年，她回想：

「從整個童年到進入成年，每個星期，我的陰道和肛門被他插入三、四次。」治療期間，他只用手玩弄她的身體，因為他的行為已變得稀鬆平常，莎拉始終不知道，她經歷的其實是性侵犯——大錯特錯的事。

　　莎拉高中畢業後搬到紐約市，之後去明尼蘇達念法學院，但她每次回密西根，都會去密西根州大運動醫療診所找拉瑞。畢竟他是她的朋友，而且「體操隊是一家人。」他的治療常是全身檢查。莎拉記得他的一些治療具正當性，而這讓性侵犯更難辨識。她說：「拉瑞真的做了很多『真的』醫生會做的事，令人混淆。你平常在體育館的時間比其他地方都多，而你們一起經歷過那些壓力超大的情況。」莎拉和拉瑞發展了情誼，她覺得跟他在一起很安全，受到關照。她每次就醫他都會陪伴，她甚至出席了他的婚禮，兩人對彼此就是感覺那麼親密。但這種親密是個幌子，遮掩了他的侵犯。

　　爸媽在莎拉二十五歲時搬出家鄉，此後她就再也沒有和拉瑞碰面了。她回想，當時她「就是覺得哪裡不對勁。」她開始在學校工作，覺得生活缺少刺激。她說：「我愈來愈沒有活力，開始把自己關起來。我

就去上班，下班直接回家。很少社交生活，也幾乎沒
有維繫什麼人際關係。」莎拉試著釐清狀況，但無能
為力。她甚至認命地想，或許她就是那種不該活著
的人。最後，她接受治療，找出為什麼她覺得如此失
落，長期經歷情緒痛苦、焦慮和憂鬱的原因。治療
時，她回想了當體操選手的時光，以及所接觸的嚴
厲、負面文化的衝擊，但是對她和拉瑞的相處隻字未
提。「二、三十歲時，我仍把拉瑞描述成一段最美的
回憶。」

　　三十歲出頭時，莎拉的身體開始停工。她開始覺
得骨盆痙攣而劇痛，且噁心到沒辦法攝取食物或液
體。她多次進出急診室，沒有人幫得了她。最後，她
被診斷出卵巢囊腫，並告知患有子宮內膜異位症。莎
拉開始研究她的診斷結果，才發現自己的情況有多嚴
重，且與不孕症關係密切。這件事令她格外關心，因
為她一直希望有朝一日能為人母。她去亞特蘭大拜訪
一位專家，專家告訴她，手術是最好的下一步。

　　當她動完手術後醒來，她的醫生告訴她，他執業
二十年來，沒見過像她這麼嚴重的子宮內膜異位案
例。他說：「妳的膀胱、妳的腸子、妳的卵巢、妳的

直腸、妳的骨盆腔側壁、妳的韌帶……妳整個骨盆腔構造都絞在一起了。」結果，莎拉必須摘除卵巢，只能留住一邊卵巢的10％。她針對子宮內膜異位進行廣泛研究，才發現那常與幼童時的創傷，特別是性侵犯有關。

做了多重骨盆手術後，莎拉可以懷孕了。現在，她有個漂亮的女兒。她這麼提及女兒：「在寬恕和痊癒的過程中，對我而言，她是最重要的部分。」

2016年《印城星報》（*IndyStar*）刊出一篇報導，是另一名前體操選手挺身而出，控告納薩爾性侵，莎拉震驚極了。她說：「就像被火車撞到一樣，我完全不知道該怎麼辦。明白自己曾被深愛的人性侵那麼多年，那太沉重，無法承受。」她和其他女孩都遭到拉瑞・納薩爾染指，這傷天害理的罪行，讓莎拉花了很長的時間才釐清頭緒。得知自己的案例是「為時最久，每週次數最頻繁」的，更讓她難以思考。

在體操世界過了大半輩子，莎拉明白公開指責圈內成員是不被允許的事。「體操界就像黑手黨。」她記得自己曾對前教練發表過負面評論而遭到隊友及隊友家長嚴詞批判，他們不認為她是仗義執言。許多女

孩覺得，正是教練嚴厲對待，她們才可能在競技體操有一番成就；她們覺得「他是因為愛我們，才會這麼做。」莎拉表示，這是一種「受暴婦女症候群。」

2018年元月，莎拉出席了納薩爾的刑事量刑聽證會，說「那真的讓人渾身充滿力量，但也真的令人心碎。」審判現場，看著她深知、深愛過的男人看來憔悴而蒼老，卻摧毀過那麼多生命，她心中矛盾不已。

莎拉唸完她的供詞後，拉瑞的律師把她拉到一邊，告訴她那是他聽過「最令人心碎、強而有力、無懈可擊的被害影響陳述。」當莎拉唸她的供詞時，拉瑞從頭到尾看著她，搖搖頭，哭了。

審判後，有人請莎拉接受訪問，談談她遭到拉瑞‧納薩爾性侵的經歷。明白當女兒的榜樣有多重要，她答應接受專訪，做為救贖的故事。之後，ESPY年度傑出運動表現獎（Excellence in Sports Performance Yearly Award）請她代表所有曾遭拉瑞性侵犯的受害者領受亞瑟‧阿什勇氣獎（Arthur Ashe Courage Award）。

今天，常有人問莎拉：「妳怎麼會不知道自己被性侵？」她回答：「被邪教洗腦的人，當下會知道自己被洗腦嗎？通常不會。何況一個孩子完全沒有何謂

正常、何謂不正常的參照標準。」儘管如此，莎拉的痊癒過程仍未結束。「我可能看似雲淡風輕，但那終究是一段過程。一段需要每天滋養的過程。」在與自己遭到性侵、生育力受損的事實和解時，她有時仍覺得怒不可抑。

要到上法庭在眾人面前向拉瑞宣讀供詞後，莎拉的寬恕過程才真正開始。「我想，我的寬恕過程是在判刑之後才開始的。有人建議我，帶八歲時的自己上講臺，為她說說話，把她被奪走的聲音還給她。我的心為那個小女孩破碎了，至今仍是碎的。」她覺得那天在法庭上，有什麼開始轉變了。「我帶著那個惶惶不安、擔心受怕的小女孩上臺。我離開那個長大的女性，找回自己，取回我的力量了。」莎拉發現，透過陳述供詞，她背負好久好久的羞恥與憤怒的重擔卸下了。原諒拉瑞，讓莎拉終於能夠真正積極投入她的成年生活。

莎拉的寬恕之旅也賦予她機會，成為不分年齡、有類似受害經驗女性的模範。現在她是律師，僅為其他性侵害的受害者服務。莎拉希望其他受害者，以及她的女兒，能夠向她尋求指引。現在她了解：「我們

愈能與發生過的事情和平共處，就能幫助愈多人。愈能掙脫『他』，就能拯救愈多人生，愈能在我自己的靈魂、我自己的心靈找到平靜。」

　　莎拉說：「我愈是寬恕，就愈覺得自己已經不在情緒的牢籠裡。現在，拉瑞才是在牢裡的人。我原諒他，知道他這輩子不會再傷害我或其他人了。原諒他也給了我自由，讓我能夠充分發揮、毫不辜負身為女性、身為律師、身為母親的全部潛力。」

　　雖已原諒拉瑞，但莎拉一點也不想讓他回到她的生命。「我想，寬恕有一部分是向前走，能以輕盈一些的步伐，進入人生的下個階段。要是我還抱著憤怒和怨恨，非要將拉瑞打入地獄深淵，就不可能全力以赴往前走了。所以，我放下了，我刻意把寬恕與和好區分清楚。你寬恕某個人，不代表你必須跟他和好，讓他回到你的世界。你可以原諒他們，但是不接受他們。那樣區分也幫助我寬恕。」莎拉說，她已經原諒他侵犯她的事，因為「我必須這麼做，才能擺脫他。」

　　回想她的旅程，莎拉感謝她學到的教訓，以及獲得的智慧。「我想，那也是寬恕過程的一部分——一路走來，我已經懂得感激，我是在人生初期碰到那些

事。看看我現在能夠做的，我真的滿懷感激。」

莎拉的故事為所有曾被信任對象侵害的受創者捎來希望。沒有什麼可以抹煞過去的行為，但要不要繼續往前走，是我們自己的選擇。莎拉能夠走出創傷，從自己的苦難鍛造出同情，從自己的脆弱淬鍊出堅強。我從莎拉的旅程中學到，寬恕未必需要和解——人生要繼續前行，修補關係並非必要，有時或許也不適當。

波麗 · 薛帕德
Polly Sheppard

相信信仰

> 「若我們不寬恕，不會令那個人痛苦，不會
> 給虐待我們的那群人帶來痛苦……只會害
> 自己不斷痛苦。」
>
> ——約爾 · 歐斯汀（Joel Osteen），
> 知名電視布道家

2015年6月17日晚上，波麗 · 薛帕德參加定期聚會的《聖經》研讀班，地點在南卡羅萊納州查爾斯頓以馬內利非裔衛理公會教堂（Emanuel African Methodist Episcopal Church）。討論快結束時，大夥兒起立祈求賜福。就在眾人閉著眼睛禱告時，當天才加入團體的狄倫 · 魯夫（Dylann Roof）開槍掃射，造成九名教友死亡。波麗保住一命，但她的摯友就沒那麼

幸運了。

　　這場槍擊毫無意義，動機只有一個可憎的事實：凶手是白人，受害者是非裔美國人。經歷一場屠殺又失去摯友，可能會讓多數人忿恨難消，但波麗回想《聖經》的訓誡，幫助她向前走，活在寬恕之中。「《聖經》說如果你想寬恕自己，就必須寬恕他人。基督正是為寬恕而死在十字架上。他寬恕了把他釘在十字架上的人。他說：『父啊，赦免他們！因為他們不知道自己在做什麼。』」

　　對波麗而言，失去那麼多教友令她悲不可抑，而這正是最艱鉅的挑戰。「你必須經歷好幾個階段才能抵達寬恕。我只知道它會來找你，有時，夜闌人靜時，你會聽到那微弱的聲音跟你說話，帶領你通過你正在經歷的一切。」

　　那「微弱的聲音」來自她深植的信仰，以及她與上帝的親密。每當她覺得悲傷襲來，或寬恕開始動搖，都是上帝溫柔的聲音引領她向前。當她覺得信仰遭受考驗，她會選擇為他人和自己祈禱，祈求更堅強的智慧。對波麗來說，緊跟著慘劇發生而至的悲傷階段，是她唯一不寬恕的時候。但見到一名摯友面對喪

子之痛、欣然擁抱寬恕，她了解自己也可以往前走。受到朋友富於同情的鼓舞，她了解自己必須原諒魯夫，才能走出傷痛。

　　波麗明白，寬恕狄倫‧魯夫是她本身救贖的關鍵。但這一點並非立即了悟，她是一次「滿懷怨恨地坐在這裡」時突然領會的。「我這樣，讓誰痛苦了？徒然讓自己痛苦罷了。」她知道魯夫毫無悔意，也沒有對自己的惡行耿耿於懷。魯夫可以往前走，不被他的罪行所羈絆，波麗卻走不出哀傷，凍結在悲痛之中。她知道，若繼續滋養悲傷，只會讓自己不斷痛苦。她成長於一個篤信宗教的大家庭，所以她求助於從小到大學得的訓誡，而那些訓誡無可避免引領她走上寬恕之路。波麗深信，她對上帝的信仰，將能帶領她度過未來重重難關。

　　波麗告訴我，過去她有時無法那麼快寬恕，不時緊抓著憤怒不放。她認為不肯平息憤怒是痊癒的必經過程：「寬恕會分好幾個階段到來，覺得對方不可饒恕是其中一個階段。」讓怒火持續延燒可能是初期階段的一種處理方式，但是當你允許自己談談情況時，你可能會發現，寬恕是更好的選項。

　　波麗記得，有一次她跟一位猶太長者聊天。對方說，他與孩子相處不睦，抱怨孩子都令他失望——其中一個喜歡工作。然後，他話鋒一轉，開始斥責希特勒種種不可饒恕的行為。波麗看得出那位男士陷在痛苦循環裡，所以告訴他：「希特勒已經死了，身體已經被蟲子吃了，你還要繼續讓那個死人掌控你的自由和想法嗎？到頭來，你還是得原諒他。」

　　那位男士對波麗的直率回應大吃一驚，第一次認清，久遠以前的悲劇事件是如何形塑他的思想。男人說，他會打電話給孩子，原諒他們。至於希特勒，他沒辦法原諒。說到寬恕，波麗說：「我們要走過好幾個階段。每個人的寬恕途徑不盡相同，有些人可能永遠不會寬恕，那也是他們的應對方式。」

　　波麗大約花了三個星期原諒狄倫・魯夫。或許很多人以為她會滿心憤怒地看著他，但她沒有。她說：「我只覺得他的靈魂迷失了。有時我恨不得能親自跟他說說話，看他心裡到底在想些什麼。雖然他已經說了為什麼要那麼做，但我還是希望能坐下來跟他聊聊。」她記得，狄倫在接受聯邦調查局偵訊時告訴他們，他差點放棄行凶計畫，因為教會的人對他很好。

　　波麗記得：「他轉向我，叫我閉嘴，說他不會開槍射我。他要留我的命，述說他的故事。」她本來很納悶為什麼凶手殺了那麼多人，卻饒她一命，最後她在聽審時得到答案。狄倫告訴法院：「她一直看著我，所以我下不了手。」

　　今天，波麗已經掙脫痛苦的負擔正常過日，能夠抱持同理與同情看待魯夫。「我為那個年輕人感到難過，因為他才二十一歲，靈魂卻已迷失。他需要相信基督，為他的所作所為懺悔。如果上帝饒恕他，那很好。他一定可以改頭換面。」波麗相信，若有機會，她可以幫助狄倫認清他們共有的人性。

　　她說：「如果我坐他對面，就可以幫助他換一種方式思考。」她希望他能聽她說話，希望有朝一日他能夠說：他為他在那間教堂奪走的人命感到抱歉。說到她是如何選擇走上寬恕之路，波麗表示：「你以為你是讓某個人脫困，其實你是讓自己脫困。因為如果你做不到寬恕，就沒辦法痊癒。」

　　那一天，波麗失去了摯友——情同家人的朋友。她大可陷入悲痛，但她依靠信仰來理解狄倫・魯夫。我們很多在教會長大的人都學過寬恕的重要，但這不

保證我們就能夠放棄仇恨，特別是在如此可怕的事件後。但波麗的信仰深刻而堅定，信仰讓她能夠對凶手抱持同情，就算他從她身上奪走了那麼多。

波麗的故事證明同情的力量，就算面對的是盲目的仇恨。她大可以回以仇恨，背負痛苦到最後，沒有人會責怪她，但她沒有這樣，她的心依然敞開。我特別感動的是波麗說她很想跟狄倫聊聊，儘管他製造了那麼大的傷害，她仍然願意與他對話。這為我證明，略過那些無法想像、甚至不可饒恕的個人行為，進而伸出援手或認真傾聽，可將我們拉出痛苦的深淵。雖然波麗要到以馬內利非裔衛理公會教堂悲劇發生後才做得到這件事，但這不是重點；重點是，我們要敞開心胸度過每一天，對他人抱持同情，不論我們是透過信仰或其他方式找到那份力量。

克莉絲蒂 · 小瓊斯
Christy Little Jones

誓約受到考驗時，重建信任

「沒有寬恕就無法愛自己，不愛自己就無法
寬恕。」

——布萊恩特 · 麥吉爾

克莉絲蒂 · 小瓊斯一直很清楚，婚姻和家庭是她生命的重心。她很小就幻想將來的丈夫是什麼樣子、當他的妻子有多興奮。多年後，她的夢想受到考驗，而事實證明那艱鉅得超乎預期。

當克莉絲蒂遇見亞德里安，他「真的令我一見鍾情。」她深深被他吸引，「覺得得到保護、有安全感，彷彿他已經對我們的人生、我們的家庭和婚姻做好計畫似的。」克莉絲蒂從來沒有這種感受，她知道他們

將攜手度過今生。他們的童話故事開始了，兩人瘋狂
陷入愛河。他們結婚了，短短幾年就生了三個寶寶。

2005年，克莉絲蒂和亞德里安在他們的教會設
立婚姻事工，以夫妻身分帶領其他伴侶上婚前教育課
程，帶他們認識訂婚程序，做好步入婚姻的準備。克
莉絲蒂和亞德里安也協助夫妻穩固婚姻。她說：「支
持婚姻、支持家庭、支持我相信婚姻應造就的休戚與
共，真的是我的畢生職志。」兩人堪稱神仙眷侶，且
幫助其他許多夫妻度過各種難關，維繫婚姻完好如初。

克莉絲蒂和亞德里安的諮商課程及兩人的關係看
似一帆風順，直到有一天，克莉絲蒂接獲一封電子郵
件。寄件人是位年輕女性，是她部落格的追蹤者，知
道克莉絲蒂對本身婚姻和周遭每一個人的關係充滿熱
情。年輕女性在信中詳述最近和亞德里安搭同班飛機
的經過：亞德里安與另一名女性同行，一路上不斷向
她示愛。

寄件人說，她知道克莉絲蒂有多支持婚姻制度、
有多相信愛情，所以寫這封信令她倍覺痛心，但她非
寫不可。克莉絲蒂打電話給亞德里安，問他信上的
事。他馬上否認指控，但她注意到他的言行舉止有

所轉變。儘管如此，她仍然決定不再追究。幾個星期後，克莉絲蒂接到另一個陌生人寄來的電子郵件，信上說：「嗨，克莉絲蒂，我知道妳不認識我，但我沒有再跟妳老公約會了喔。」

克莉絲蒂最大的惡夢成真了。她把信重讀一遍，坐在書桌前，打電話給亞德里安。他否認認識那個女人，起了防衛心，惱羞成怒，掛掉電話。不一會兒，亞德里安打回來，哽咽地向她坦承自己出過軌。他告訴她，是那個女人說她愛上他，而他明白自己做得過分了，很快就把那段關係結束掉。

克莉絲蒂打電話給她的牧師請求協助。她說，當她和牧師坐下來時，她好像面對一位失望的父親；牧師曾為她的婚姻投入大量心力，也對亞德里安的不忠感到痛心。克莉絲蒂明白自己希望她的婚姻周圍都是會「在這段療癒期支持我們、保護我們」的人。她和丈夫在牧師協助下展開療程，重點放在把事情說開來。兩人結束第一次諮商回到家時，克莉絲蒂做了超乎想像的舉動。「我告訴他，我原諒他了。那句話一出口，他便跪倒在地，徹底崩潰，在地上放聲大哭。」

本身雙親離異、深知那破壞力有多驚人，克莉絲

蒂知道離婚不是她想走的路，不是她打算留給子女的東西。克莉絲蒂相信，離婚的痛苦「若不制止，可能一代傳一代。」雖然離婚可能是最好走的路，但對克莉絲蒂來說，能和丈夫試著讓婚姻運作下去更重要。兩人有共識：他們都想為彼此的關係奮鬥，所以他們要一起奮鬥。她希望丈夫了解：「我愛你。我在愛裡面。讓我們為愛奮鬥吧。」克莉絲蒂還說：「我是信仰堅定的女人，我相信上帝會修復我的婚姻。」

　　發現丈夫外遇幾天後，克莉絲蒂收到一封電子郵件，是一對夫婦詢問婚姻諮商的事。她覺得需要全神貫注於自己的婚姻，所以告訴那對夫婦，她可以暫且幫他們介紹別人。那對夫婦告訴她，他們在出軌網站看到亞德里安的照片——他當選「本週渣男」——還附了連結給她。接下來幾個小時，她的收件匣開始湧入郵件，好多女性寫信給她表達關切，因為她們也在那個網站看過她的丈夫。克莉絲蒂上了那個網站，發現她丈夫的圖像已有18萬人次瀏覽，而且還在累計中。最後，他的圖像被移除了。

　　事情雖已曝光，克莉絲蒂仍忠於修復過程；那個過程從她告知丈夫她原諒他的那一刻即已開始。看到

　　亞德里安崩潰，克莉絲蒂明白「當人們做了這樣的事情，他們自己也會崩潰。」亞德里安背負了罪惡感，因為他不僅背叛妻子，也背叛了家人。他說：「我甚至不敢照鏡子。」克莉絲蒂知道丈夫需要她的愛和支持來走完這段路程，她也需要他。

　　這一段路，在克莉絲蒂為了原諒亞德里安努力時，亞德里安一直在身邊支持。當兩人遇到艱難的日子，也就是克莉絲蒂想質問丈夫外遇的時候，他會據實回答，不管同樣的問題她問了多少遍。有些時候，「我怒火中燒，想要打爛他的臉。想要像他傷害我那樣傷害他，以此為滿足。」她向丈夫表達那些感覺和情緒，他會傾聽，接受她的憤怒。

　　諮商過程中，克莉絲蒂經歷了備嘗艱辛的婚姻。她辨識出五個和解階段：先是震驚，接著是憤怒，再來是悲傷，然後是接受，最後是寬恕和療癒。「你得脫離這個循環，要脫離這個循環，唯一的方法就是寬恕，而多數人不知道如何寬恕。」

　　真正寬恕一個人，就像送出一份禮物，完完整整，毫無保留。克莉絲蒂說，不妨把寬恕的禮物想成一件綁著漂亮蝴蝶結的大禮。有人出示了禮物，但不

肯放手——仍陷於忿恨之中。當你能夠把禮物交出
去，放開手——且不期望任何回報——這時才是真正
送出寬恕的禮物。

　　在克莉絲蒂努力放下憤怒的同時，亞德里安也經
歷他自己的旅程。對他來說，這段路程需要他認清，
什麼事情對自己最重要。誠如克莉絲蒂所言：「那對
他是個難題，他必須理出頭緒，認清他的婚姻價值觀
與家庭價值觀。」這個過程自然有高低起伏。「艱難
時，我們會哭泣；艱難時，我們會祈禱。愜意的日子
我們會慶祝，而我們維持著親密關係。過了大約十二
個星期，不忠的重量感覺好像真的消除了。」

　　尋找靈魂三個月後，克莉絲蒂覺得自己終於抵達
寬恕。她和亞德里安可以開啟人生的新篇章，一起重
建已經破裂的信任。努力走出丈夫不貞帶來的掙扎
後，兩人婚姻的親密和溝通也隨之好轉。一開始，克
莉絲蒂自認是受害者；但經由寬恕，見到亞德里安無
法原諒自己，她也發掘了豐富的同理和同情。「對我
倆如此痛苦、如此困難的事，其實是上帝的賜福，因
為那幫助我們在情感上更加緊密。那很美，美在我真
心相信，事出必有因。」

那並不容易，但現在她很平靜，知道自己傾聽了心底的聲音，努力讓破鏡重圓，終於抵達一個充滿愛、信任與承諾的境地。來到這段修復與重建旅程的終點，亞德里安和克莉絲蒂決定再次全心奉獻於彼此和他們的婚姻。今天，他們比以往更加幸福美滿。

克莉絲蒂的故事令我深深感動。起初，我很驚訝她竟然那麼快就告訴丈夫她原諒他了。在和她談過後，我相信，透過告訴亞德里安這件事，克莉絲蒂確立了自己的意向；完完全全的寬恕需要好幾年。聽到她在兩人修復的過程中有多關愛丈夫，我不得不對背叛改觀。出軌的人固然差勁，但是他們也在受苦，要他們原諒自己，可能比讓伴侶放下責備還難。每一次背叛都有獨特之處，每個人都有自己的一套反應。但克莉絲蒂的選擇向我們證明，如果伴侶心意堅定，寬恕或許可以鞏固一段原本會被放棄的關係。

伊瑪奇蕾 · 伊莉芭吉札
Immaculée Ilibagiza

癒合戰爭的傷

> 「世間最慷慨、最深情的,莫過於願意為了
> 寬恕擁抱悲傷。」
> ——布芮尼 · 布朗(Brené Brown),
> 知名學者、暢銷書作家

1994年4月6日,一架載著盧安達總統朱韋納爾 · 哈比亞利馬納(Juvénal Habyarimana)的飛機遭擊落,引發國內兩大種族之間全面暴力衝突:占多數的胡圖族(Hutu)和少數的圖西族(Tutsi)。幾小時後,一場在總統遇害前就策劃好、針對圖西族的屠殺行動正式展開,短短一百天,便殺害了一百多萬名盧安達人——大多是圖西族人。

這兩族之間劍拔弩張已久,比利時殖民統治時

期實行的政策又火上加油。哈比亞利馬納一身亡，
胡圖族極端派的精英團隊便宣布要殺光所有圖西族
人。同一時刻，圖西族支持的叛軍盧安達愛國陣線
（Rwandan Patriotic Front, RPF）從鄰國烏干達進入盧
安達，援助同族同胞。三個月後，盧安達愛國陣線成
功將胡圖族控制的政府，以及最殘暴的種族滅絕凶手
驅逐出境，但國內仍有許多胡圖族人。

　　隨著瘋狂殺戮告一段落，盧安達滿目瘡痍，留給
政府可怕的爛攤子；有太多人參與屠殺，根本不可能
全部起訴。

　　1994年7月，新政府宣誓就職。溫和派的胡圖
族人巴斯德・畢濟穆古（Pasteur Bizimungu）擔任總
統，圖西族人、前盧安達愛國陣線指揮官保羅・卡加
米（Paul Kagame）擔任副總統兼國防部長。2000年，
卡加米當選總統。

　　新政府必須為可怕屠殺罪行的受害者伸張正義。
種族滅絕的主事者都被驅逐、監禁或處決了，但不可
能把成千上萬自願或被迫配合的胡圖族人通通關起
來。所以，卡加米請盧安達人民做一件可能讓他們支
離破碎的國家再次團結的事：請求他們寬恕。

　　依圖西族慘遭殺害和踩躪的情況，要他們寬恕看似殘忍，但卡加米這麼做了。他認為，這個國家要團結一致向前走，唯有寬恕、重新開始一途。政府在全國每一個鄉鎮安排會議，讓村民坐下來傾聽被害者及攻擊者的心聲。倖免於難的受害者可以談談他們的親身經歷，談談喪親、喪友之痛；參與屠殺的人要用心聆聽，而後懇求寬恕。儘管並非人人認同這種讓國家向前走的方式，但多數人遵從了。

　　伊瑪奇蕾・伊莉芭吉札是倖存者之一，她和其他無數受害者，被請求寬恕我們多數人永遠無法想像的罪。盧安達種族滅絕爆發之際，伊瑪奇蕾休學待在家中。她的哥哥把她搖醒，告訴她總統去世的消息。她記得聽到收音機裡雜亂無章的報導，感覺將有驚天動地的事情發生。

　　那天上午，伊瑪奇蕾記得父親給了她一串玫瑰念珠，教她去附近一名胡圖族牧師的家中避難。一拋下家人，她就有預感：這輩子再也見不到他們了。她的父親受許多人愛戴，他總是教她不要評斷他人。正是因為他無私地要伊瑪奇蕾離開，伊瑪奇蕾才能活到今天。她記得到牧師家後，牧師要她躲進浴室。她將在

那裡待九十天，不能說話，也不能哭。

　　和其他七名女性一起坐在浴室裡，伊瑪奇蕾聽收音機，聽四面牆外發生的殺戮。她記得自己在藏身頭幾天被絕望籠罩，完全不相信能夠活著出去。「我覺得好生氣、好生氣，氣到甚至沒辦法祈禱，」她回想。就在那時，她聽到一群胡圖族男人進了屋子，四處搜查有沒有圖西人藏身於此。她記得她在那一刻祈求神恢復她對祂的信仰。當她聽到浴室門外傳來男人的聲音，她知道他們遲早會發現她和其他女性，她們全都難逃一死。

　　她閉上眼睛說：「神啊，求求祢，別在今天。」又說：「如果有神，神真的存在，請別在今天殺死我。」在那一刻之前，她有好一段時間懷疑上帝真的存在，但那一天她祈禱又祈禱，亟欲相信。那些男人搜遍了屋子，卻在來到浴室門前時轉頭對屋主說，他們相信他。搜查到此結束，他們動身離開。從那一刻起，伊瑪奇蕾對神的信仰恢復了。

　　坐在浴室裡的時候，她想像身邊女性的感覺，也想像那些殺人者在想什麼。她想到家人，擔心他們已經喪命。她感到憤怒和憎恨——恨自己被困在浴室

裡，恨盧安達的狀況，恨那麼多人失去性命。那痛苦的幾個月，她一直試圖說服上帝她有資格生氣，有權利義憤填膺。她開始向上帝祈禱和說話，坦然、誠實地訴說。她為失去家人感到憤怒，現在回頭看，她認清：「憤怒就如障礙。」

那時，伊瑪奇蕾心中盤算著等她脫身，她要怎麼報復；因為怒不可遏，她的計畫大多是暴行。就在幻想要對凶手施以何種暴力時，她突然領悟，吞噬整個國家的恐懼，就是源於這種仇恨。她隨即明白「憤怒與仇恨成了疾病」，緊抓著這些感覺不放，只會讓她病得更厲害，不會讓她感覺更舒坦。「這就是上帝為什麼要讓我們成一家人。傷害一個人的事情，也會傷害另一個人。」

伊瑪奇蕾藏身時勤勉研讀《聖經》，發現經文鄭重要求信徒「彼此相愛，為傷害你的人禱告，愛你的敵人。」她天天唸《玫瑰經》，但當她誦主禱文時，她會卡在這一行：「寬恕我們自己的冒犯，就像寬恕冒犯我們的人。」在她吟誦這段禱文時，她知道自己並不相信。她不斷對自己說：「如果我寬恕他們，就代表他們是對的，我是錯的。」

　　就在那時，她祈求上帝幫助，她向上帝禱告說：「請幫助我寬恕。」她說：「父啊，赦免他們，因為他們不知道自己在做什麼。」直到那一刻，她才覺得如釋重負，她終於覺得自己能夠寬恕了。伊瑪奇蕾說，是她對上帝的堅定信仰，覺得祂與她同在，讓她終於能夠寬恕。

　　最後，躲了九十一天後，殺人者罷手了。伊瑪奇蕾帶著平靜及愉悅的感覺踏入世界——因重獲自由而愉悅，因藏身期間努力開始寬恕、不再憎恨而平靜。但現在她確實得面臨沒有家人的人生，而那份痛楚可能永遠不會消逝。

　　在寬恕的路程上，伊瑪奇蕾從她最景仰的一些人士，像是甘地、小馬丁‧路德‧金恩博士、德蕾莎修女身上汲取靈感。「他們是我欽佩的人，不管蒙受多大苦難，永遠都做正確的事。」她決定過沒有悲苦的人生——仿效那些內心平靜的英雄，寬恕殺害她家人的凶手。

　　最後，伊瑪奇蕾決定到獄中探視那位殺了她最多親人的男子，想確定自己是否真的能夠寬恕。面對他時，她看得出來，他不知道自己做了什麼。她忍不住

「因為同情他而哭了起來」，她問他：「你怎能接受這樣的邪惡？」然後她告訴他：「我原諒你。」她解釋，她把他視為盲人，不知道自己做了什麼，「我只想要請上帝照顧他。」

那個男人她認識，也像父親一般尊敬，但他卻是殺了她家人的凶手——只因為他們屬於不同的族群。她記得自己在他面前崩潰大哭，而與他比肩而坐時，她感覺「雖然悲傷，但內心深處仍有平靜與安適。」她明白自己完全不希望他經歷任何痛苦，就在那一刻，她知道自己已經真正寬恕他了。

每當伊瑪奇蕾感到憤怒——為她在種族滅絕中失去的一切，或任何其他不公不義時——她都會求助於上帝。她試著對自己更有耐心，她會提醒自己：「永遠有人身處更糟的境遇」，這能讓她正確地看待事情。每當有人說他們苦苦掙扎、難以寬恕，或正在學習如何寬恕時，她都會告訴他們寬恕的感覺：平靜的感覺。

「就算我傷害另一個人，也沒辦法換回我的爸媽和兄弟，」她這麼說，解釋自己為何能夠寬恕從她身上奪走那麼多的人。知道她的憤怒無法挽回已經發生

的事，也喚不回已經失去的一切，伊瑪奇蕾了解唯有一途能讓她繼續向前走、過健康的人生：寬恕。

　　伊瑪奇蕾記得，多年後曾與人聊起了她的過往。那人對她說：「妳沒有受創，妳欠缺的是爸媽的愛，那可以理解。妳有一個辦法可以改變那種狀況。」但她不明白可以怎麼填補失去親情的遺憾。那位男士告訴她：「去愛那些最需要被愛的人」，這樣就能找回爸媽愛她的感覺。於是，她開始到孤兒院當義工，幫助需要幫助的人。這麼做有助於填補心靈的空洞，透過給予愛，愛會回到你的身邊來，那就是伊瑪奇蕾選擇度過人生的方式。

聽伊瑪奇蕾提到愛在她的療癒過程中扮演非常重要的角色，讓我想到可以如何把愛注入自己的寬恕之旅。每當有人讓我們受委屈，我們往往會立刻跳到恨或其他負面情緒中，就算對方是我們深愛的人。現在，當我被我在乎的人傷害，我會試著給他們愛而非憤怒

來治癒自己。但願這麼做，也能幫助他們以自己的方式療癒。我知道，分享愛人能量的舉動，會以某種療癒的方式回到我的身上。我認為，將寬恕視為一種療癒的過程非常重要，這個過程會促使我們愛自己，以及愛別人。

朗恩・霍爾
Ron Hall

❧

找路回家

「寬恕最多的人會得到最多寬恕。」
—— 菲利普・詹姆斯・貝利
（Philip James Bailey），英國詩人

當朗恩・霍爾決定向多年妻子黛比坦承自己有婚外情時，他沒料到她的回應。「我有外遇，她原諒我。她說：『如果你永不再犯，我就絕口不提。既往不咎，我原諒你。』」

這種基督一般的寬恕，朗恩聽過好幾遍，但要等到親身經歷，才確知有其事。他的妻子給予他多數人夢寐以求的那種寬恕，她對他說：「你不必活在自責之中。我原諒你，我們一起從頭來過。」他告訴她，

往後人生，不管她要他做什麼，他都會照辦。妻子回答：「我只希望你當個忠實的丈夫，那真的是我全部的期望。」從那時起，黛比一次也沒有翻過朗恩外遇的舊帳。

直到朗恩外遇十年後，黛比才要他做一件迫使他離開舒適圈的事。黛比夢到上帝和一個無家可歸的男人，上帝要她與那個男人為友。黛比決心找到他，於是告訴朗恩她的夢境，請他幫她完成上帝託付她的使命。朗恩起初覺得她的夢有點離奇，但他答應過她，不管她要他做什麼，他都會去做。

隔天早上，兩人開車到德州沃斯堡內城，尋找黛比夢到的那個男人。兩人開過大街小巷，繞了好幾個鐘頭，決定停下來，去一家遊民收容所擔任志工。兩人在那裡服務兩個星期後，一個沒穿衣服的男人衝進來，聲嘶力竭、大聲咆哮說他會殺掉偷他鞋子的人。他開始在所裡到處砸桌子、見人就揍。朗恩正準備躲起來，黛比卻跳上跳下大叫：「就是他，就是他！我夢到的就是他！」朗恩目瞪口呆，黛比平靜地看著他說：「朗恩，我相信我聽到上帝說，你必須跟他交朋友。」

朗恩沒那麼嚮往，但知道非這樣不可。往後幾個

星期，他到處查探那位遊民的資訊。他的名字是丹佛（Denver），但多數人叫他「叢林的獅子」，因為他以恐懼和恫嚇橫行街道。也有人叫他「自殺」，「因為惹他與自殺無異。」

接下來五個月，朗恩天天開車到內城，經過丹佛身邊。朗恩試著說服丹佛上車，讓他可以照妻子所說，跟丹佛交朋友。一天上午，令他又驚又恐，丹佛答應了。朗恩感覺得出乘客火冒三丈，丹佛問朗恩為什麼要一直煩他？朗恩回答：「只是想跟你交個朋友。」丹佛低吼了一聲：「我考慮。」丹佛顯然不想與誰為友，但朗恩堅持不懈。他不知道丹佛為什麼不想跟他交朋友；朗恩生活富裕，可以為丹佛這種境況的人提供衣食與協助。

幾星期後，朗恩又看到丹佛在街上翻垃圾堆，便請丹佛跟他一起喝咖啡。丹佛叫朗恩離他遠一點，朗恩回答：「我很想，但我老婆說我們得做朋友。」丹佛答應跟他喝咖啡，但有件事得先跟他講清楚。

他說：「我曾經聽說，白人釣魚時會玩所謂的『抓放』，我不懂。因為在我長大的路易斯安那農場，我們會一早去給自己挖滿滿一罐蟲子，找支竹子釣

竿，然後坐在河堤一整天。當我們終於釣到東西，我
們真的會非常驕傲。所以我想，如果你只是想釣朋友
的白人，抓了就放，我才不想當你的朋友。」就在那
時，朗恩才明白丹佛深具智慧，立刻著迷，決定報名
參加「丹佛學校」。

　　朗恩每天開車進城，和丹佛坐在路邊，聽他說他
想說的話。彼此認識較深後，朗恩了解，丹佛之所以
遲遲不答應和朗恩及黛比交朋友，部分和他在農場的
成長經歷有關。十五歲的時候，他曾因為幫助一個白
人女性換爆胎，被三K黨*綁起來拖行。三K黨要丹佛
保證絕對不再接近白人女性，不再跟白人女性說話，
而一直到跟黛比碰面，丹佛才首次違抗三K黨的命
令。後來，丹佛預知黛比會被診斷出癌症，在她抗癌
的那十九個月，丹佛和朗恩變得更親密。丹佛每天早
上都會來他們門前，為他們禱告。

　　黛比去世那天，丹佛也來到門前告訴她，那天就
是她見上帝的日子。丹佛和朗恩分享，上帝說黛比之
所以堅持活著，是為了確定無家可歸的人能在她不在

＊ 奉行白人至上主義運動，美國種族主義的代表性組織。

時得到照顧。生病期間，黛比還是會到收容所為女性整理儀容。她致力照顧遊民，而丹佛傳遞訊息讓她知道，她可以放心離開。「我知道妳不知道誰可以照顧他們，那些無家可歸的人。但上帝昨天晚上告訴我：『丹佛，你去請黛比小姐把她的火炬放下來，由你接手一輩子。』」黛比過世後，丹佛搬去和朗恩同住，兩人一起伴了十一年，直到丹佛上天堂與黛比重聚。

朗恩說：「有她為我展現的寬恕，才有這整個故事，那是她給我的最大禮物。她從來沒再提過我外遇的事，到最後一天臨終前也沒有。」黛比過世前幾天躺在床上，孩子與丈夫在床邊，她告訴他們，她允許丈夫在她死後再婚，想跟誰在一起就跟誰在一起，並要孩子也答應。朗恩明白他和妻子的故事，原本可能有完全不同的結局，「因為我們已來到那個節骨眼，必須決定是否繼續相愛、繼續在一起。因為她的寬恕，現在我們才能為全美各地的遊民募得超過一億美元。這個故事源於一次寬恕之舉，若非她賜予我、為我展現寬恕，我可能已經和另一個女人私奔，結局將截然不同，會是那種最悲傷的故事。」

現在回想那份寬恕的禮物，朗恩仍然深感敬畏。

他說，他花了一年時間才真的相信妻子原諒他了，但在這段並肩而行的旅程，他一直感受到她的愛與仁慈。朗恩也在與丹佛結交的過程中親身實踐了寬恕：在年紀較長的丹佛作勢打他，或對他大吼大叫的時候。沒有寬恕，就沒有黛比對遊民的付出，也沒有朗恩承接的使命。朗恩將丹佛視為心靈的智者。兩人初遇時，朗恩知道丹佛二十五年來除了發洩怒氣，沒有和誰發展過關係。後來他成為朗恩的至交，而朗恩明白，兩人能夠建立友誼，完全要感謝黛比給他基督一般的寬恕。「既往不咎，我原諒你」，這簡單的一句話，就此改變朗恩的人生。

丹佛在黛比的葬禮致詞時提到，基督在她身上顯現：「我是壞蛋、惡徒，不值得愛。但一個極不可能的人出現，給我愛。我不想跟任何白人女性做朋友，但她是如此不同。認識她愈久，我愈是了解，每個人都不同，和我一樣不同。我們都是凡夫俗子，沿著上帝為我們鋪設的道路前進。」黛比和朗恩張開雙臂接受丹佛，向他證明了不論身處何種境遇，我們每個人的連結是多麼緊密。誠如丹佛所言：「富有也好，貧窮也好，介於貧富之間也好，塵世都不是我們最終的

安息之地。在某種意義上，我們都是無家可歸的人，
都在找路回家。」

我想納入朗恩的經歷，不僅因為本身是個不
同凡響的故事，也因為那是由得到寬恕的
人——未必覺得自己配得上寬恕的人——訴
說的故事。我們很多人非常幸運，明明做了
應該永遠接受懲罰的行為，卻得到寬恕。聽
了朗恩的故事，了解黛比的寬恕如何徹底改
變他的人生方向，我重新思考得到寬恕這回
事。未來，當我獲得寬恕時，我知道我會更
深入思考可以怎麼改正行為，或者視為一個
能為身邊眾人做出積極改變的機會。

黛博拉・科巴肯
Deborah Copaken

面對野獸

> 「……當然，寬恕並記得，遠比寬恕而忘卻
> 來得寬宏大量。」
> ——瑪麗亞・埃奇沃思（Maria Edgeworth），
> 19世紀盎格魯－愛爾蘭作家

1988年大學畢業前夕，黛博拉・科巴肯跟朋友在外慶祝。她讓其中一個年輕男人載她回家，不知道他已喝得酩酊大醉。凌晨兩點左右，那個男人強暴了她，然後在她床上昏睡過去。知道再過幾小時就要參加畢業典禮，她坐在地上、抓著床尾不停搖晃自己，對剛剛發生的事驚魂未定。她沖了澡，等強暴她的人醒來。

當他終於醒來，他在便利貼上寫下電話號碼，黏

在她的書桌上，說他昨晚很開心，還說她偶爾可以打電話給他碰個面。黛博拉震驚萬分，不敢相信強暴她的人就這樣若無其事走出她的房間，還留了電話號碼要她打給他。精神受創的她抓了學士帽和學士服，意志消沉、步履蹣跚地出門參加畢業典禮。

　　直到三十年後，黛博拉才重新經歷這起事件，和強暴她的人聯絡。起因是2018年9月克里斯汀・布萊西・福特（Christine Blasey Ford）博士在國會聽證會上，指控最高法院提名人布雷特・卡瓦諾（Brett Kavanaugh）。黛博拉看著福特在訴訟程序中，娓娓道出她遭到卡瓦諾性侵犯的回憶。聽證會結束後，黛博拉坐在電腦前，開始寫信給多年前侵犯她的男子。

　　「我一直打算跟強暴我的人聯絡。我一成年就想跟他聯絡，當時似乎是恰當的時機。畢業三十年大學同學會就要來了，有時特殊的日子似乎是修補破損的好基準。」黛博拉寫信給強暴她的人，描述他已然造成的傷害，但不求彌補。雖然她渴望得到道歉，但不認為能夠得到。但二十分鐘後，她得到了。他打手機給她——她在信上留了手機號碼——說那天晚上他喝得爛醉，幾乎什麼都不記得。

　　他確實記得自己以為當時是兩相情願，但現在他明白自己鑄下大錯。更重要的是，他說他很抱歉。「他那句『我很抱歉』，說得如此誠懇而痛悔，」她解釋說：「讓我立刻淚如雨下。我通常不會那樣潰堤，但當他說了『我很抱歉』，寬恕的感覺立刻油然而生。」黛博拉背負了將近三十年的強暴重擔，突然卸除了。

　　對黛博拉而言，寫信給強暴者的過程是「旅途的十分之九。坐下來，寫這封信，還有，我的天啊，按傳送鍵，那是最艱難的時刻──就只是按個傳送鍵。」當強暴者幾分鐘後打電話來，她頓時說不出話。「我到現在仍為那有風度的舉動震驚不已，仍無法用言語形容我的感覺。那是不可能的事，我很少詞窮。我是作家，文字是我的看家本領，但我甚至找不到適合的詞語來表達如釋重負的感覺，因為那不只是如釋重負而已。」

　　在短短幾分鐘內，她的感覺被聆聽，也被處理了。她說，「確認」、「寬慰」、「恩典」之類的詞語浮現腦海：「但那些只是詞語，就好像試著形容愛一樣。『愛』是形容愛的好詞語，但愛還是什麼？很難解釋愛是什麼，對不對？」聽到強暴她的人在電話上

誠懇、痛悔地致歉，黛博拉覺得彷彿被帶回二十二歲的自己，那徘徊不去的一晚，那縈繞心頭的痛，都被洗去了。

「當我寫那封信的時候，是我自己原諒了二十二歲時那個驚惶失措、身心受創的我。她搞砸一切，只能隨波逐流，因為不知人生還能怎麼繼續。在許多方面，寬恕是給我自己的。」這是受害者面臨要不要寬恕時常有的情況──不論原諒施暴者有多難，要原諒自己隱藏那麼久的痛、默默承受那麼久的苦，或許更難。

時節是另一個促使黛博拉寫信給強暴者的因素：那一天是贖罪日前夕，「猶太人聖夜中的聖夜。」在這個節日，「你要寬恕，既請求寬恕，也寬恕他人。」這個年度寬恕傳統是件美好的禮物，很多人送給自己，也送給他人，把他們可能一直默默背負的痛苦和怨恨掃出生命。對黛博拉來說，那等於在說：「過去已經過去，我想要往前走。有時，當我們想要把過去打發走，我們真的需要仔細想想別人對我們做過的事，或是我們對別人做過的事。」藉由寬恕，我們可以自由自在往前走，不被過去束縛。

黛博拉將一切歸功於父親曾在她小時候教過她寬

恕，留下長久的印象，幫助她克服生命中最艱難的一些時刻。每當她和父親談到一段造成考驗的經歷時，父親總會說：「妳必須寬恕。妳必須允許他們說對不起，就算他們不說對不起，妳也必須對惡霸展現同情。妳必須對傷害妳感情的人展現同情。」不論欺負你、虐待你的人抱持何種態度，只要能夠寬恕，就能為你提供一條不會被痛苦、怨恨桎梏的前行之路。

黛博拉為《大西洋》（*The Atlantic*）月刊寫了篇文章，開誠布公地分享面對強暴者的經歷，那引發了超乎她想像的漣漪效應。隨著她的故事散播開來，讚美紛杳而至，盛讚她如此勇敢、如此有同情心地跟強暴她的人聯絡。她回應：「其實，我只是在保持清醒，保持理智。對我來說，原諒他、原諒那起可怕的事件，對於維護我自己的幸福感和情感完整非常重要。」

黛博拉很驚訝她的故事竟引起廣泛回應。她的收件匣湧入男男女女傳送的訊息，訴說他們的故事，請她指點該如何往前走。她決定，在她的網站公開那封寫給強暴者的信，希望其他人能從她的旅途學到經驗。她學到「兩人之間的寬恕像是私人行為，像一對一的交流，但其實那會呈指數增長，也就是其他人會

開始思考自己或許需要向誰道歉，或需要誰對自己致歉。你一啟動，這顆喜樂或寬恕的雪球——你想怎麼稱呼它都可以——就會愈滾愈大。」見到身邊的人開啟連鎖反應——有些人她認識，有些人她不認識——讓這種經驗更富意義。她的寬恕引發的不凡效應，使她更加樂觀。黛博拉說：「這世上有好多事情無法運作，但我向你保證：寬恕可以。」

　　反省自己的旅程，黛博拉相信時機至關重要。回頭看她背負強暴之重的三十年，她覺得她寄出的信，以及隨之得到充滿悔意的道歉，是在她已能接受的人生時刻到來。那時她已明白：「你的人生不是寬恕，就是不寬恕。你不是願意接納他人所有的優缺點，就是難以維繫友誼的人。」

　　寬恕讓黛博拉能夠接納一個鬼魂般困擾她數十年的人。在得到他的道歉後，她「終於能重新把他當成人」而非野獸看待了。這個啟示也改變了她看待其他人的方式。她學到更有同情心、更包容地承認我們都是「凡人，都有缺陷，也都能夠和有缺陷的凡人發展關係」，不論缺陷是什麼。每當有人傷害她，不管有意無意，她已經了解「抱著受傷的感覺不放，只是在

傷害自己。」

　　看到別人深陷怨恨之中，她會問他們：「你在怕什麼？怕原諒他們會發生什麼事？寬恕會造成什麼傷害呢？」她告訴他們，根據她的親身經驗：「不論是誰虐待你，要是你不寬恕他，那種憤怒、那種毒性，將會毒害你。」

　　黛博拉的故事為所有懷疑自己能否到達接納之境的人捎來希望。我們都需要以自己的步伐前進，相信有朝一日我們會有勇氣坐下來，寫封信給曾經虐待我們的人，細述他們的惡行，明確給予道歉和修正的機會。如此一來，雙方都能獲得寬恕的禮物。

　　很多人說寬恕是立刻到來；也有人說那需要好幾個星期、好幾個月，甚至好幾年。對黛博拉來說，那花了整整三十年。當她告訴我她的故事時，我問她可曾希望早一點寬恕強暴她的人。她告訴我，那是在對她最完

美的時機來臨。

　　很多人覺得愈快寬恕愈好，急著想抹去痛苦的事件。但唯有你準備好寬恕，寬恕才起得了作用。黛博拉的故事教我們，寬恕沒有時間限制。那會在你準備好的時候來臨，做出補償或要求道歉永不嫌遲。她的經歷對我有莫大的啟示，因為那迫使我盤點我自己的積怨，思量以往我太生澀或太害怕、無法在感覺依然強烈時勇於面對的情境。像黛博拉這樣的故事提醒我們，寬恕永遠不嫌遲。

9

納迪雅・波爾茲－韋伯
Nadia Bolz-Weber

自由的牧師

「在你終於學到教訓時欣然接受，原諒自己
沒有早點知道，優雅、平靜地向前走，疼惜
自己。」
　　——伊莉莎白・吉兒伯特（Elizabeth Gilbert），
　　　　暢銷書《享受吧！一個人的旅行》作者

　——十二歲時，納迪雅・波爾茲－韋伯參加她的第
　——一場匿名戒酒會（Alcoholics Anonymous）的聚
會，認命地接受她會在三十歲前死掉的事實。當她加
入戒酒會時，清醒感覺起來像是「粗暴地打斷我的人
生。」但是，一接受上帝在她生命中的存在及力量，
她可以不買醉了。路德會（Lutheran Church）的信仰
引領納迪雅走上康復之路：那教導她，我們都是罪

人，也都是聖徒。

2004年，納迪雅被要求主持朋友的追思禮拜，因為她是朋友圈子裡唯一有宗教信仰的。主持儀式時，她突然明白，這房裡有好多人——以及世上許多人——在其他諸多宗教場合會被評斷為不完美。這些人需要牧師協助引領，而納迪雅要當那名牧師。2008年，她獲路德會任命為牧師，在科羅拉多州丹佛市創立了「罪人與聖人之家」（House for All Sinners and Saints）。

納迪雅能當上牧師，是以她自己從酒癮到康復、從自暴自棄到自我寬恕的旅程為基礎。雖然她自謙為「拙於寬恕、極度渴望的牧師」（I-suck-at-forgiveness-and-I'm-desperate pastor），但她過往的軟弱反而讓她現在更富同情心地看待會眾的需要。她深知寬恕的不易，也記得自己覺得走不出怨恨的時候。

納迪雅的寬恕之路，是由她參與「十二步驟」的經驗塑造。在匿名戒酒會的社群裡，她認識到放不下怨恨的危險——那是「凡人可疑的奢侈。」為了協助引領康復中的酗酒者掙脫怨恨、走向寬恕，她在戒酒會康復計畫的那個階段致詞，鼓勵成員釐清並接受自己在受過的傷害中扮演的角色。她指出，很多人覺

得認清我們參與傷害的方式，感覺「就像在背叛傷害。」但以批判的眼光審視我們在傷害中的角色，實為寬恕和卸下怨恨度日的關鍵步驟。

匿名戒酒會的「大書」（The Big Book），即該會探討戒癮過程的最早文本，也論及反省我們的人生事件，準確找出我們是在何時「自己做了易使自己受到傷害的決定。」為闡明這個原則，納迪雅舉了她和前男友重歸於好的例子。當男友提出分手時，她覺得生活毀了。二十二年後，兩人重燃愛苗，現在兩人復合兩年多了。最近有一天，兩人一起搭機，男友問，當初是他甩掉她，她如何能原諒？她告訴他，她總算可以「誠實看待我在那個情境承受的痛苦，有多少是我自己造成的了。」

你之所以在某個情境受苦，你自己扮演了多大的角色呢？當你能夠為此承擔責任——就算只有一點點責任——你就能夠「脫離那個人。」對我們多數人而言，檢視自己在相關情境中扮演的角色，可能感覺怪異而不自然。誠如納迪雅所言：「我知道那對我們很難，因為那就像背叛受傷的自己。鋸斷怨恨的鎖鏈，不再與那人拴在一起，就像對受傷的自己不忠。但不是

那樣。如果我們能說：『現在，我要向前走了。我不會再被你綁住，我要向前走了』，其實是莫大的光榮。」

　　將你的故事更換角色是掙脫過去的關鍵。我們必須放棄被害者的敘事，成為故事的主人翁。納迪雅說：「我們很容易被自己訴說的故事緊緊綁住，只會想：『那是真的，只有那樣才是真的。』可是，天哪，不是的。你的故事真的可以有各種不同的說法，那些說法依然真確，依然尊敬你這個人和你的傷，但不會讓你一直困在那個地方。」

　　當你決定讓自己抽離事件，真正的勇氣便會出現。「如果我們一直訴說自己受害的故事，那會有什麼回報？要真正往前走，需要好多勇氣、好多真話、好多放手。留在悲慘的境地，繼續為自己傷心下去，可能容易得多，但那樣沒有自由。」

　　納迪雅強調，要把你對於傷害你的那個人的感覺，和你因此經歷的痛苦分開來。她解釋：「我想，關鍵在於了解那個人和我們受的傷是不一樣的。我們覺得痛、覺得受傷、覺得怨恨、覺得憤怒……有種種背叛和諸如此類的感覺，然後我們把那些感覺和那個人綁在一起。十之八九，那些感覺大得無法直接歸咎

於一個人的行為。」你的痛苦和受傷感覺固然可能有確實理由，但如果你放任自己停留在那個受苦模式，就會變成惡性循環。

納迪雅指出：「尊敬傷痛是很重要的。我不是說要拋棄傷痛，只是說要盡可能把傷痛跟人分開。因為只要傷痛的感覺仍與另一個人緊緊綁在一起，要從傷害中痊癒就困難多了。」一旦我們為自己的痛苦承擔責任，就能為痊癒負責。儘管傷痛可能有其他人參與，為了繼續前行，我們必須取得治癒痛苦的主導權。

想要過真正自由的人生，需要「鋸斷那條把我們和那個人拴在一起的鎖鏈。」納迪雅把這個過程比作使用破壞剪來掙脫迫使你背負憤怒和仇恨的人，而破壞剪就是寬恕——用寬恕切斷與那個人和痛苦的連結。你不必再信任對方，但你可以別再一直背負憤怒的包袱。放下憤怒，也許像是犧牲，你可能很想留住舊傷口、評斷敵人，但是當我們聚焦在那些對我們做的錯事，只會提供短暫的滿足。「一點益處也沒有，」納迪雅解釋：「那感覺不錯，但那是高糖效應，是自以為是，只有片刻的爽快。」

過往經歷重新浮現，令你心煩意亂，不代表你沒

有寬恕。每當這種感覺萌生，這麼做能幫助納迪雅克
服：試著站在傷害她的那個人的立場衡量情境。允許
自己為對方展現同情，可以改變評斷的感覺——不只
是對那個人，也對你自己。她說，儘管「我們可以讓
對方為造成傷害負責，也可以同情他們最後選擇那麼
做的原因。」人會做出特定行為，都是有原因的。那
當然不能為行為開脫，但是可以提供解釋，這些解釋
可以引領需要寬恕的人。畢竟，寬恕是你送給自己的
禮物，跟對方配不配、過得好不好沒什麼關係。納迪
雅提醒我們：「那只跟你自己的心臟、你的生命和你
的血壓有關。」

　　寬恕可能是個漫長的過程，納迪雅鼓勵我們要有
耐心：「有時沒辦法一勞永逸；有時我得重新經歷整
個過程，就算我已經擺脫怨恨、獲得自由，但那會悄
悄爬回來。」當怨恨或憤怒真的再次出現，求助於更
高的力量或許有幫助。禱告可讓納迪雅獲得安慰，她
相信「試著與上帝聯繫的意義，因為我明白自己力有
未逮。」

　　納迪雅也知道獲得寬恕的力量有多大，一路走
來，她屢屢獲得他人寬恕——常是她覺得自己不配的

時候——而她也學到那可能引發「人心轉變。」她說：「那改變了其他種種改變不了的我。」她想要能夠在他人身上引發同樣的轉變，因為那是一份「美好的禮物」，不論施與受都難得一見的禮物。這是少見的健康的癮，讓她「極度渴望自由，極度渴望與他人分享這份改變生命的禮物。」

　　做一個「極度渴望的人」，讓她得以深入挖掘、探究，更充分理解寬恕，以及寬恕如何在她的生命中發揮效用。納迪雅認為，寬恕是我們一輩子都必須實踐的事情，永遠沒有終點。寬恕也成為她的終身使命。一旦我們發現寬恕的力量，就要到「嚥下最後一口氣」的那一刻，才會停止寬恕了。

納迪雅一直同時在寬恕的兩面：她給予寬恕，也接受寬恕；她深知寬恕的力量有多強大。她說，寬恕不是軟弱的象徵，而是一種聲明：不論發生在你身上的事情錯得有多離譜，你都可以選擇切斷與它的連結。納迪雅

以「自由鬥士」來稱呼寬恕的人，她認為寬恕的人充滿力量，這讓我能以不同的眼光檢視自己寬恕的經驗。長久以來，我一直把寬恕視為一種「投降」的形式——一面避免衝突，一面超越痛苦事件。如果朋友讓我受傷，我會說：「我原諒你」，希望那句話能夠神奇地讓我們之間大事化小、小事化無。現在，改為把寬恕想成一種力量，徹底改變了我的觀念：那不是邀請其他人來傷害你，而是取回屬於自己的力量、擺脫過去束縛的行動。

路易斯・豪斯
Lewis Howes

審慎的剛強

「唯有先對自己仁慈，才能對他人仁慈。」
——瑪莉・派佛（Mary Pipher），
美國知名臨床心理學家、
《紐約時報》暢銷書作者

路易斯・豪斯是前職業美式足球選手、享譽國際的《紐約時報》暢銷書作家、企業家及社群媒體專家。身為播客《偉大的學校》（*The School of Greatness*）主持人，他對全美各地的聽眾傳遞希望與鼓勵的訊息。很少人知道他曾經深為過往的黑暗事件所困——遮蔽他的成就、讓他深陷憤怒與怨恨泥淖的事件。直到他能透露自己經歷過的侵犯、寬恕施暴者的那一刻，他才終於找到渴望已久的內在平靜。

　　但通往平靜的路並不容易，尤其是需要寬恕自己的時候。路易斯說：「以前我什麼都懲罰自己。不管是覺得無足輕重、覺得愚蠢、覺得我搞砸跟爸媽的關係，或是爸媽離婚、兄弟姊妹生活不如意，我都責怪自己。」直到一連串的個人困頓，迫使他面對徘徊不去的過往，他才幡然覺悟。

　　三十歲時，路易斯「經歷了許多不同的人生轉折。」一段親密關係結束、事業合夥解除、打籃球時捲入粗暴鬥毆、跟數名摯友絕交，回想那些挫折，他察覺它們只有一個共通點：他。「我位在每一段關係的基線上。」最後，當大學最好的朋友告訴他不想再跟他出去，路易斯終於得面對內心的惡魔。

　　「從表面上看來，我什麼都不缺，我賺了好幾百萬美元。但我裡面在受苦，毫無內在平靜可言。我不知如何獲得、不知如何才能找到內心的平靜。」路易斯終於發現，實踐寬恕是獲得內在平靜的基本要素。如他所言：「要是你一直怨恨某個人或怨恨自己，帶著這種缺乏內心平靜的痛苦過日子，你會一直需要對抗這種痛苦。」路易斯想要改變，但首先必須找出亂源，所以他開始進行療程，參加各式各樣的工作坊。

　　當路易斯決定坦承童年遭受的性侵犯，事情才真正出現轉機，那是他隱藏了數十年的祕密。終於，二十五年後，他能夠在他的男人幫面前，從頭到尾細訴完整個故事。「我真的不知道那樣開誠布公會發生什麼事，我好怕人們知道這件事，就不會再愛我了。」

　　路易斯在中西部長大，覺得「被侵犯、表現脆弱，或者被占便宜，都是不被接受的事。」但他在療程和工作坊所做的努力，給了他必要的信心，誠實面對過往。他說完故事便哭了起來，由於忍不住激動，只好請求暫時離開，到外面喘口氣。當他坐在外面，從重新經歷童年創傷中慢慢恢復，他那些兄弟一個接一個走出來安慰他。「他們一直說：『你是我心目中的英雄。』」好幾個男人告訴他，他們也經歷過類似的犯行，看到路易斯能夠坦然面對過往，也幫助他們痊癒。

　　「房裡那些男人的反應，為我改變了一切。他們更信任我、更愛我、更尊敬我，跟我原本以為的恰恰相反。」在這些男人面前——他跟他們大多不熟——分享他遭到侵犯的故事，也讓路易斯第一次能夠與摯友和家人坦承那件事。他終於能說：「我原諒侵犯我

的那個人，也原諒自己懲罰自己這麼多年。」他可以放開早已糾纏了大半輩子的羞恥與苦澀。他終於了解，寬恕是對自己示弱，是忠於自己，是允許自己摘下剛強的面具，讓真正的自我痊癒。

路易斯一展開寬恕之旅，人生便有所進展。他不再覺得「焦慮或壓力，憂愁夜夜陪我入睡。我可以擁有平靜了。」路易斯「重燃生機」，而那不只在情感上，也在身體上：「藉由寬恕，我的健康也在過去五年好轉，因為寬恕會帶來自由。」

寬恕也改變了路易斯和其他人的關係，他這麼告訴我：「如果我心懷怨恨，那我不僅傷害自己，也傷害身邊每一個人，因為我老是頹廢消沉、毫不積極，對人們毫無助益。我想我們的使命，是為他人提供最大的幫助。」路易斯說，通往寬恕這條路或許並不好走，卻是掙脫束縛、邁向自由的要道。對他來說，這條路最困難的關卡，就是勇於面對那次引發他長年怨恨的犯行。通過之後，他發現寬恕他人變得相對容易了。他說：「慢慢地，我願意寬恕，也寬恕了每一個人。」

路易斯已經寬恕了侵犯他的人，繼續過他的人生，但他仍然將寬恕視為一個持續的過程，必須繼續

努力。當他遇到「觸發」的時刻，例如：聽到性侵犯的報導時，他會提醒自己，要「把我已經實踐的作為貫徹到底：冥想、正念、呼吸、體能鍛鍊等等。而意識——那會從頭到尾走一遍、花一點時間，然後回歸正常生活。不會再緊抓著怨恨與憤怒不放，因為我已經熬了這麼久，那對我再也影響不了了。」

　　對路易斯來說，學習如何寬恕，需要時間和經驗。但他一開始實踐，就發現那已經深入生命的每一個環節，甚至幫助他與失和的哥哥和解。路易斯八歲時，哥哥因向臥底警察兜售毒品而入獄。那段期間，朋友都棄路易斯而去，因為鄰居家長認為他可能跟他哥一樣有犯罪傾向。他記得那時對哥哥埋怨至深——彷彿哥哥剝奪了他的童年。後來，路易斯寬恕了哥哥，不再懷抱著那股怨恨。

　　路易斯發現，要毫無怨恨地過日子，唯有在人生的每一面擁抱寬恕。他說：「我覺得，除非能夠寬恕每一件發生過的事，否則就不算了解寬恕。如果你還對生命中某個人或某件事抱持怨恨，卻原諒其他事情，我不認為你真正學會寬恕。不是百分之百寬恕，就是還抱持著怨恨。」如果還對某個人或某個情境抱

持負面能量,「你的身體、你的心,仍時時刻刻為那個人殘留毒素。除非你能夠寬恕一切,否則就不算真正學會寬恕。那是一種日常實踐。我們當然可以選擇永遠懷抱怨恨,也可以選擇永遠在寬恕與平靜中度過人生。」

為了充分體會這個智慧,路易斯開始每天冥想,為任何可能惹他不快的事情做足準備。他以這種方式保護自己,避開可能會毀了他一天的汙辱和意外。儘管確切感受你經歷的所有情緒相當重要,同樣重要的是,最後要把情緒通通放開,切莫讓它們把你鎖進負面狀態。

「當你抓著怨恨不放,基本上就是承認那個人擁有凌駕你的權力,你給了他們屬於你的權力。當你寬恕了那個人,就是取回自己的權力,等於說:『這個人不再擁有凌駕我的權力。我不會再給他們我的能量,不會再給他們我的時間、我的思想、我的感覺。我會藉由寬恕他們,取回我的權力。不是為了他們,是為了我自己。』」

就算有時抱持怨恨看似比較簡單,寬恕卻是唯一能奪回權力、放自己自由的方法。「當你把怨恨抓得

愈緊，只會讓你自己和你的夢想傷得愈重，也傷害你
身邊的人。於是，你不肯寬恕的那個人，現在繼續影
響著你、你的家人、朋友、同事，以及你身邊的每一
個人。他擁有權力，能夠掌控每一個人，因為你允許
對方掌控你。」如路易斯指出，寬恕某個人不代表你
赦免那個人的行為，或允許他們回到你的人生。寬恕
是為了放下你的傷痛，帶著不被憤怒、怨恨擾亂的心
靈往前走。「他們仍要負起該負的責任，但你要容許
自己脫離氣憤、盛怒和痛苦的感覺。」

　　跟路易斯談話也提醒我：我們常拿自己和別
人比較，這樣是不對的。我們懷疑自己為什
麼不像別人看起來那麼快樂、為什麼沒有別
人成功等等，路易斯的故事提醒我們：我們
看到的表象，不見得忠實反映內在。有時，
追求完美的人是在逃離我們一無所知的惡
魔。路易斯能夠藉由寬恕的過程來解放自
己，而那個過程已成為一種日常實踐。他的

故事提醒我，凡事切莫妄加評斷；我們都是人，都有缺陷，都在掙扎，都在竭盡所能。人生本已足夠艱難，何苦再增添罪惡與評斷的負擔；我們該時時提醒自己多一點同情——給別人，也給我們自己。

11

史嘉蕾 · 劉易斯
Scarlett Lewis

療癒愛

> 「人類的靈魂最能夠展現堅強時,莫過於放棄復仇、勇於寬恕傷害時。」
> ——愛德溫 · 哈伯 · 查平(Edwin Hubbell Chapin),19世紀美國傳教士

最後一次見到兒子傑斯(Jesse)的情景,史嘉蕾 · 劉易斯仍歷歷在目。早在失去兒子以前,她已決定要當個陪伴孩子的母親。身為兩個男孩的單親媽媽,史嘉蕾深知積極參與兒子生活的價值非凡。由於一早就要到校、傍晚還要送去練習足球,相處時光有限,她希望他們在家的時間,不要被電視或電玩打擾。

2012年12月14日早上,史嘉蕾記得自己陪傑斯

走到路邊，讓他的生父尼爾（Neil）接走。她和尼爾講了幾句話，身陷早晨的忙亂之中。回頭給兒子離別擁抱時，她看到他已經用手指在車子的結霜上寫了「我愛妳」。知道這是值得回憶的一刻，史嘉蕾跑進屋內拿相機，幫站在車子旁邊的傑斯拍了張照。她不知道，這會是她幫兒子拍的最後一張照片。

傑斯就讀於桑迪胡克小學（Sandy Hook Elementary School）。當史嘉蕾接獲槍擊案的通知時，她和母親及另一個兒子 J.T. 在消防站裡等消息，心急如焚。警察護送很多孩子一一走出校門，傑斯沒在裡面。史嘉蕾詢問警員，警員問她有沒有傑斯的近照，或他有沒有什麼明顯的特徵？當她在傍晚凜冽的空氣中等候，她感覺 J.T. 正在凝視著她，注意她的一舉一動，聆聽她說出口的每一個字。

「我頓時明白，不論這件事的結果是什麼、我怎麼處理，將形塑 J.T. 日後面對創傷、悲劇、困難、挑戰和障礙的方式，會影響他一輩子。」明白這點，有助於史嘉蕾保持堅強，最終也幫助她做到寬恕。史嘉蕾希望 J.T 也能做到，她說：「我希望他有顆寬恕的心，因為我從成長的歲月中學到，在某些例子，唯有

寬恕的心，才能收回你的力量。」

　　當史嘉蕾被告知傑斯已經遇害，她的世界內爆了。她去住母親家，因為回自己的家──她最後看到兒子活著的地方──會令她肝腸寸斷。她悲傷得暈頭轉向，難以理解世上怎會有這麼慘無人道、這麼沒有道理的事情發生。「我記得當時我這麼想：不管是誰做了這麼慘絕人寰的事，他心中一定有無比巨大的痛苦。結果真的是這樣。」

　　史嘉蕾憶起第一次回自己家裡，是要拿給兒子下葬穿的衣物。她從他衣櫃的抽屜拿好東西、穿過廚房的時候，看到他留在廚房黑板上的訊息。「傑斯，在過世前不久──沒有人看到他做這件事──寫下三個詞：『滋養、療癒、愛。』我停下腳步，馬上想到，假如槍擊案的凶手亞當‧蘭薩（Adam Lanza）能夠給予和獲得滋養、療癒、愛，悲劇就不會發生。事情就這麼簡單，而我就是這樣開始對他感到同情的。如果你和他人有情感連結，就不會想傷害他們。」覺得兒子可能有某種預感，史嘉蕾想要找出兒子訊息裡更深刻的意義，並協助散播開來。

　　史嘉蕾聯絡了西康乃狄克州立大學教授、針對同

情進行過廣泛研究的克里斯・庫克（Chris Kukk）博士。她給庫克博士看了傑斯留下的訊息，並且說明她欲廣為傳播的願景。庫克博士後來告訴她，那三個詞——滋養、療癒、愛——「都是同情的定義，所有文化皆然。『滋養』意味關愛的仁慈，『療癒』意味寬恕，『愛』則是積極運作的同情——三者加起來，就是辨識出別人的需求或苦難，並且主動做些什麼來協助減輕那份痛楚。」槍擊案幾天後，史嘉蕾發現她的兒子其實在喪命前救了九個同學的命。他展現的勇氣，賜給她寬恕的力量。

　　寬恕亞當・蘭薩是史嘉蕾療癒過程的關鍵一步。從一開始，感覺到他的行動是內心混亂所引發的，她就對他懷抱同情。當她允許自己慢慢接受兒子的死亡，她明白要做到寬恕，就要把蘭薩視為有人性的人。

　　2013年3月，兒子去世幾個月後，史嘉蕾發起「傑斯・劉易斯選擇愛運動」（Jesse Lewis Choose Love Movement），以協助在飽受喪親之痛的民眾間散播寬恕的訊息為宗旨。史嘉蕾一邊推廣運動，一邊和認識亞當的人碰面。那些人說，他曾經遭受嚴重的霸凌。史嘉蕾對他了解愈深，就愈肯定他是個需求未獲滿足

的孩子。「小男孩該做的每一件事，亞當都做了」，
卻始終沒有得到他需要的時間、關注和資源。

　　她得知，亞當一年級時曾在學校發生日邀請卡，
卻沒有人去他的慶生會。五年級時，他寫了一篇標題
叫〈奶奶的書〉（"The Book of Granny"）的文章，敘
述一個巫婆帶著掃帚進學校，而後掃帚變成半自動步
槍射殺學生。「那個年輕人在大聲呼救，他不曉得還
能怎麼辦。」史嘉蕾選擇用同情的觀點，看待亞當持
續累積的盛怒──他是被同儕排擠的小孩，承受太多
痛苦而轉向暴力。因為能夠感同身受，史嘉蕾放下對
亞當的怒意，反而為他感到憤慨。「讀了一些他的需
求未獲滿足、他遭到忽視的報導──在我看來，忽視
是最惡劣的一種霸凌──老實說，為他感到憤怒比對
他感到憤怒來得容易。」

　　失去孩子讓史嘉蕾更深切地體會寬恕的過程。
「我不是一開始就對他懷抱同情，說實在的，我根本
對寬恕一無所知。我是在基督教家庭長大的，我們會
談論寬恕的必要，但沒有人告訴我們那對寬恕者的意
義、對寬恕者的益處，以及該怎麼寬恕。那確實是從
對那名槍手感到同情開始。然而，當你第一次看到自

己兒子的屍體躺在棺材裡——那是一具迷你的輕型棺材，而你六歲的兒子躺在裡面，額頭有個彈孔——你一定會覺得怒不可抑。」

史嘉蕾記得傑斯的七歲生日，那在他去世六個月後到來。她規劃了一場盛大的慶生會，會場擺著他生前求她買的充氣式滑梯，她想要讚頌他的一生。那天早上，她心煩意亂地醒來，想到要幫兒子慶祝沒有他的生日，整個人動彈不得。怒氣再次充塞心胸——氣凶手把兒子從她身邊奪走。「發生事情時，我們喜歡怪罪。我們說的第一句話常是：『喔，這是誰的錯？我可以責怪誰？』亞當‧蘭薩和他的母親自然是目標，因為：嗯……人是亞當殺的，而他的槍是他媽媽給的。沒錯，他要為這場悲劇負責，可是這真的全是他的錯嗎？」史嘉蕾很清楚，繼續讓怒火燒向亞當母子對她比較容易，但真的不能全怪他們。

史嘉蕾得知，亞當的母親曾帶他去桑迪胡克小學讀幼兒園。他接受測試，校方判定他需要特殊服務，但後來沒有提供給他。史嘉蕾和蘭薩的母親有許多驚人的雷同：史嘉蕾也帶J.T.接受過桑迪胡克的測試，J.T.也沒有獲得特殊服務。史嘉蕾和亞當的母親都是單

親媽媽，史嘉蕾也明白跟青少年兒子相處不易。亞當
母親犯的錯，是想靠一把槍來維繫母子感情。

　　史嘉蕾沒有將所有過錯歸咎於蘭薩一家，反而選
擇以更寬廣的眼光看待這起事件，並且檢視自己在容
許這種事情發生的社會中扮演何種角色。「在我們的
學校、我們的社會發生的事情，我也要負起部分責
任。我住在這個養出亞當‧蘭薩的城鎮，他受了一輩
子的委屈，我是否曾與他不期而遇？我認為沒有。但
我知道，人人都有不可思議的力量。我們如何對待彼
此，會以許多不同的方式彰顯出來，而且有所謂的漣
漪效應──真的有。如果我們不開始為世上發生的事
情承擔責任，將永遠沒辦法修正。」

　　唯有一個辦法，可以讓史嘉蕾參加兒子的慶生
會：深呼吸，再次寬恕。「寬恕是從一個選擇開始，
然後變成過程。寬恕是取回屬於你個人的力量，那
是我修正後的新定義。」她明白，只要取回屬於她
自己的力量，選擇不要讓自己成為受害者，就能夠
通過這場考驗。「如果我不寬恕亞當，那就會給他力
量，掌控我的想法、影響我的感覺，進而影響我的行
為。在心理健康領域，這叫『認知三角』（cognitive

triangle）。要是我給了他名副其實的掌控權，就會淪為另一個桑迪胡克槍擊案的受害者，說不定也會把J.T.一起拖下水。所以，我選擇寬恕。」

同情亞當也是史嘉蕾解決方案的一部分，在這段旅程中，她學到世上有兩種人：「一種是想幫忙解決問題、試著落實社會情感學習（social and emotional learning）的好人，另一種是蒙受痛苦的好人，我覺得亞當·蘭薩就是這種人。他小時候就希望長大以後當殺人魔王嗎？不可能。那是長期忽視、創痛、疏離的結果。假如我們給了他必要的技能和工具，選擇更好、更愉快的途徑，他有理由不選嗎？」

史嘉蕾開始將寬恕的旅程化為文字，是在與大兒子J.T.一同走過一段極為動人的歷程之後。槍擊事件後，J.T.不願意回學校去，史嘉蕾天天問他準備好了沒有？他總是回答沒有，選擇又在家度過一天。一方面，史嘉蕾放心兒子在家，畢竟家裡相對安全；另一方面，她也知道，他必須回學校完成七年級學業。輔導老師建議他重唸七年級，但她不希望他覺得自己是因為走不出悲傷而受到懲罰。一天，一群盧安達種族滅絕的遺孤在Skype聯絡上J.T.，改變了史嘉蕾母子的

命運。

這些屠殺倖存者在螢幕上告訴J.T.：「我們遠在盧安達這裡，聽說了你弟弟的事，覺得非常難過。我們希望你知道，你會好起來的，你會再次感受到喜樂。」接著，那些遺孤與他分享他們種族滅絕的故事：有些失去家人；有些遭受攻擊；有些差點餓死。有個名叫仙黛兒的女孩，當鄰居殺害她的家人、割斷她的喉嚨時，她才八歲。他們把她埋在一座挖得很淺的墓穴，她在那裡躺著躲了好幾天才挖土脫身，逃到孤兒院去。這群倖存者告訴J.T.，他們已經明白：「他們必須寬恕，因為假如他們不寬恕，就是步上那群殺人凶手的後塵。」他們也告訴他，藉由聯絡像J.T.這樣經歷喪親之痛的人、幫助對方重回人生旅程，他們也從自己的苦難中找到了意義。

就是在那次Skype通訊後，J.T.決定回學校上課。史嘉蕾和兒子坐下來討論那通Skype的衝擊，他們列了感謝清單。「我們有很多人要感謝，然後我們兩個都做了寬恕的承諾，說給彼此聽。」J.T.隔天就回學校，創立了一個組織，募款資助盧安達種族滅絕倖存者上大學。「那段經歷的重點在於，當我們做了寬恕

的承諾，J.T.轉身就想把那些孩子送給他的愛發送出去。我覺得，那強化了他這麼做的信念，他到現在還在做這件事。你散播出去的滋養、療癒、愛，將會回到你的身上。」

史嘉蕾向我解釋，「傑斯・劉易斯選擇愛運動」的任務，包括為學齡前到十二年級的孩子提供「免費、廣泛的社會情感學習課程。教孩子寬恕是課程重點，因為寬恕是我的療癒旅程中最重要的部分。也因為寬恕，我才能到處奔走，致力推展選擇愛運動。」史嘉蕾說，趁孩子年紀還小時教他們寬恕很重要。在她四處奔波、耕耘計畫的旅程中，她發現孩子意外深諳寬恕之道。「孩子一天到晚實踐寬恕，不懂得寬恕的是大人。我們的社會要繼續運作，寬恕至關重要。」

她指出，寬恕常碰巧是學生最欣賞的人格特質，請他們解釋原因時，他們回答：「因為放下的感覺真的很好，就像超能力一般！」史嘉蕾深信，只要學校趁早教孩子寬恕，世界就會變得不一樣，因此至今仍在各校傳播這個訊息。幫助孩子進行社會情感學習，是預防孩子互相傷害的重要方法。「教孩子怎麼和睦相處、怎麼從挫折中恢復、怎麼管理情緒——這就是

由內而外建立安全感。」2018年，史嘉蕾協助新罕布夏州長克里斯・蘇努努（Chris Sununu）和他的國土安全主任裴瑞・普朗默（Perry Plummer）通過一項全州學校計畫，將社會情感學習列為校園安全的一環。

　　由於能夠理解亞當・蘭薩殘暴攻擊他人的根本原因，史嘉蕾才能取回力量、繼續向前。除了在失去中找到意義，寬恕也讓史嘉蕾化悲傷為行動，幫助許多人迎向更美好的人生。

史嘉蕾的故事向我們證明，寬恕有力量將悲劇轉化為積極的改變。史嘉蕾不是非選擇寬恕不可，但她立刻明白，那是她唯一的路。執著於悲傷和怪罪，只會讓她永遠困在最黑暗的時刻。很多我認識的人，都用憤怒來處理創傷，因為放下憤怒的想法，痛苦令人難以面對。我也曾經這樣過，但是聽了史嘉蕾的故事後，我深受鼓舞，決定另謀他法度過那些憤怒的時刻——放下負面情緒，以利

> 採取正向行動。我發現，記得下列這一點很
> 有幫助：就算你還沒準備好放下對某人的憤
> 怒，只要先踏出小小的第一步，就能讓你進
> 入正確的心境，進而踏上長久的寬恕之路。

　　2019年，史嘉蕾的兒子J.T.宣布參選康乃狄克州
參議員紀念弟弟傑斯，並聚焦於校園安全政策。

12

德馮・富蘭克林
DeVon Franklin

卸下重擔

「我們必須培養、必須維繫寬恕的能力。欠
缺寬恕的力量,就是欠缺愛的力量。」
——小馬丁・路德・金恩,
諾貝爾和平獎得主、人權鬥士

在德馮・富蘭克林成為成就斐然的好萊塢製片
人、傳教士、暢銷作家、勵志演說家之際,他
也在努力學習和理解寬恕的過程。他必須寬恕一路上
的親人和朋友,尤其換個角度看待昔日與父不睦的關
係,已協助他脫胎換骨,變得比以往更加堅強。

德馮的寬恕之旅,從酗酒的父親在他九歲過世時
開始。他的成長過程基於各種原因充滿對父親的憤
怒,但最重要是因為在大部分有父親的回憶裡,他都

爛醉如泥。雖然父親從未對他施暴，但在德馮的印象中，他是個愛挑釁的酒鬼。酗酒，加上不健康的生活方式，造成他三十六歲就心臟病突發，而他的缺席留給德馮深深的空虛感。德馮覺得父親並未「教他怎麼為人生做好準備」，而這讓他忿忿不平。

由於無法處理這股怒氣，德馮遂將它轉向生命中僅存的權威形象：他的母親。如果母親沒有出席他的籃球賽或學校活動，他會更生氣。後來，他才了解母親缺席是因為身為單親媽媽，她得工作來扶養家人。「以前，我真的對那種情況滿懷怨恨，直到上了大學，才能理解她已經盡她所能——就連我父親也盡他所能了。有時，寬恕是這種情況：你對某人懷恨在心，而對方可能根本不知道自己做了什麼。就像我媽，她從來沒有做錯什麼，但我在青少年時期，始終無法體會她做的犧牲。」要到後來了解母親為什麼無法到場之後，他才能原諒她、放下對她的怨恨。他也能夠放下對父親的憤怒，因為他明白那對他毫無益處。德馮告訴我：「不論我多生氣、多火大，都不會改變他已經走了、我還在這裡的現實。」

了解自己必須放下對雙親的憤怒，是德馮療癒的

開始。他不希望對父親懷著的悲痛讓自己被恨意淹沒，甚至把他逼成酒鬼。「那真的需要我做到寬恕，說：『我放下了。我願心懷感謝。』我願感謝他賜予我生命，感謝我至少還有一些關於他的回憶。」這逐漸改變他的觀點，而了解自己感謝什麼，讓他終能放下對父親一直抱持的憤怒。明白母親為他做的一切犧牲，也讓德馮放下那股怨恨，使母子倆的關係愈來愈親密。

「今天我們的關係好得不得了，但是能夠如此，是因為之前我減輕了肩上的重擔。那並不容易，因為有時我們可以在不寬恕帶來的憤怒、挫折、苦澀中找到慰藉。所幸，我已經能夠處理、能夠寬恕，並且能說：『沒關係，沒關係。』她盡力了，事實上，我父親也盡力了。我這番頓悟極具淨化作用，真的力量強大，讓我重獲自由。」

德馮的療癒過程是從他發現自己凡事保持距離開始：那阻止他從人際關係中得到他想要的一切，只因他害怕受傷。他會允許自己接近某個人，但只到某個程度。自幼失怙讓他學會斬斷情感、避免感覺受傷的求生技能。喪父時的悲傷是他絕對不想再次體驗的感

受，所以他封閉自己，拒絕真正的親密。直到遇見日後的妻子時，他才允許自己放下憤怒、願意示弱，盼能發展這段關係。

「我想，有時人們會這樣誤解寬恕，有時人們會想：『喔，好，你知道嗎？我寬恕了——才一眨眼，傷口就神奇癒合了。』沒那回事。我原諒我的父親了，但那不代表我不再封閉自己，不代表我不害怕示弱。那份寬恕仍有殘留的衝擊，我還是必須處理、必須克服。」

能夠在療癒過程中賦予父親人性，也幫助德馮確定自己不會一直背負憤怒下去。發現父親酗酒，可能是父親的父母和手足全都對酒精欲罷不能所致，讓德馮能夠全面觀察整件事，設身處地看待父親的酒癮。

儘管德馮已經寬恕父親的軟弱，但他永遠不會忘記。「當我們身上發生會造成創傷的事件，我們或許會寬恕那個人、那個情況，但永遠不會忘記那件事。永遠不會忘記。為什麼？因為那永遠與我們同在。」承認傷痛是首先、也是最重要的步驟，但不遺忘同樣重要。「我覺得，我們在沒有忘卻發生過的事，但盡可能不容許它對我們的人生造成負面、長久的衝擊

時，可以找到寬恕的力量。」儘管有些傷害的影響可能比其他傷害來得大，但只要確定自己帶著正面訊息往前邁進，就足以克服挑戰。

給自己多一點時間處理創傷也非常重要；我們需要對自己溫柔一點。德馮解釋：「沒有人該承受明明還沒準備好就得寬恕的壓力。」他指出，在某些社群，眾人期望你該在事件發生後，立刻展開寬恕的過程。然而，若你仍深深沉浸於剛經歷的傷痛，太快開始寬恕或許並不健康。他打了個比方：你被車子撞了，有人叫你站起來走一走——但你就是做不到你還沒有準備好的事。慢慢來，需要多久時間，就花多久時間，這點很重要。

「不過，那不代表你應該一直深陷下去，我常覺得我們不夠同情需要寬恕的人。如果我被冒犯了，要不要寬恕由我決定；是否準備好給予寬恕，也由我決定。有時沒準備好是可以的。說『喔，我還沒消氣，還有點不高興。我知道會過去，但暫時想保留這種感覺』是可以的。每個人都該等心靈準備妥當，再給予寬恕。」我們時常忘記在療癒過程中體恤自己、體恤他人的重要。目標是抵達寬恕，但「重要的是，不要

對還沒抵達的人施加時間限制或壓力。」

　　不論我們喜不喜歡，往往是這樣的事實，讓我們明白自己並未往前走：那些傷害過我們的人，已經繼續過他們的日子了。德馮說：「不寬恕會遇到一個關卡：很多時候，傷害別人的人，早就繼續過他們的日子了，不論好壞。但是，被傷害的人則沉溺於痛苦，而那可能嚴重不利於他們往後的人生。」沉溺痛苦最大的害處是：我們一直背負責任和重擔，直到某天終於能夠減輕。「寬恕最大的挑戰是：當我心懷怨恨時，怨恨的重量就由我背負。因此，儘管沒有人該急著寬恕，但盡快寬恕非常重要。」

　　時間和經驗讓德馮對寬恕有更深入的理解。「要寬恕就必須示弱，因為我必須承認自己受了傷害。每個人都有自己的過程，寬恕很複雜，需要時間。不過，這不會阻止我鼓勵人們寬恕——但確實會阻止我妄加評斷不肯寬恕的人。」

寬恕是個不能趕、急不得的過程。我曾有幾次太快寬恕、急著把痛苦一掃而空的經驗，結果那些事件都留下苦澀，讓我知道，其實我根本還沒準備好。寬恕而不遺忘的概念，或許聽起來有點負面——彷彿你不是真的走出來。但是，記得你為什麼給予寬恕，實為從過去學習的絕佳方式，未來可望不會重蹈覆轍。

對自己有耐心、徹底原諒父親，讓德馮能夠打破跨世代的「酒癮－忽視」循環。他描述得很美：到達寬恕之境，需要耗費心力，經常需要煞費苦心，我們恨不得不要如此。但如果我們不花時間正視痛苦，就永遠擺脫不了。

13

馬克·羅茲
Mark Rozzi

背叛信仰

「寬恕是放棄過去可能變得不同的希望，是接受過去已經過去，並且運用此時此刻幫助自己往前邁進。」

——歐普拉·溫芙蕾（Oprah Winfrey），
知名美國脫口秀主持人、《時代》百大人物

馬克·羅茲在賓州小鎮長大，他就讀於一所私立天主教學校，同學大多來自他居住的義裔美籍社區。七年級時，他聽說學校要來一位深具魅力的新神父：葛拉夫神父（Father Graff）。馬克知道等他上八年級，就要去教堂在葛拉夫神父底下服事。他清楚記得與神父的第一次互動：星期五上午，他和同學坐在教堂裡看神父做彌撒。儀式做到一半時，馬克記得神

父步下走道，突然對某個人大叫。他嚇了一大跳，認為不管神父對誰咆哮，那個人一定犯了大錯。然後葛拉夫神父轉身，走來馬克這一排，開始對他大叫。他覺得受到羞辱、目瞪口呆，因為他沒有做任何應受這種對待的事。從頭到尾，他一直靜靜坐在那裡。

儀式結束後，馬克記得他的老師告訴他，他應該留下來跟葛拉夫神父談談神父的舉動。「我記得我站起來，他伸手環抱我，說沒事了，不會有事的。好像他有雙重人格似的。」葛拉夫神父告訴馬克，他會幫助他走上正確的路——只要聽神父的話，一切都會沒事的。「我不想讓他失望。我想要向他證明，我是個乖孩子。但我得說——他就是在那天騙了我，誘拐就是從那天開始的。」馬克很快開始在葛拉夫神父底下服事，他記得曾被他帶去很多地方。因為葛拉夫酷愛賭馬，有時他會帶馬克去買賽馬雜誌，也帶他去過賓州國家賽馬場，神父會「卸下身分，搖身變成艾迪叔叔。」

他還記得神父第一次從教會長者徹底變身為掠食者的經過。那天，神父在兩人出遊後開車載馬克回家，途中邀馬克去他的住處，位於堂區寓所二樓。神父要馬克坐在沙發，問他想不想喝啤酒，保證不會說

出去。啤酒之後是含色情內容的影片，影片之後是神父把馬克帶到後面的房間，讓他看更多色情作品。然後他脫掉馬克的褲子，量他的陰莖有多長，再幫他拍裸照。「他記下數據，以便記錄我的成長。當然，之後他開始愛撫我。那發生過幾次，都是偽裝成『教育』。」不久後，馬克發現，葛拉夫房間衣櫃的一個抽屜裡，塞滿了「我很多朋友的拍立得——一大堆男孩的裸照。」

　　馬克和葛拉夫神父的最後一段情節，也令他記憶猶新。那天是星期六，他和朋友湯姆在做彌撒。做完之後，葛拉夫叫兩個男孩去他的私人房間，他們照做了。葛拉夫神父給他們啤酒、放了色情電影，然後帶兩人去隔壁臥室——先一次帶一個，然後兩個一起——拍裸照。接著，葛拉夫把馬克留在臥房，送湯姆回起居室。馬克回憶道：「我記得，他問我知道哪些性愛體位？他開始幫我擺出各種性交姿勢，最後擺成『69』。然後，他開始幫我口交，希望我回報。」

　　馬克拒絕了，神父立刻暴躁起來。他抓著馬克，帶他去沖澡。他開始撫摸馬克，然後強暴他。「我還記得，我把注意力集中在牆上一小塊磁磚，就一直盯著

那塊磁磚，知道自己只有兩個選擇：站在這裡認命接受，或是立刻逃跑。就在那千分之一秒，這個念頭閃過腦海：我要離開這裡！」馬克和湯姆奪門而出、拚命狂奔，葛拉夫神父在身後咆哮，警告他們閉緊嘴巴。

馬克跑回家，氣喘吁吁，一臉驚恐。母親問他怎麼了？但他什麼也不肯說。隔週一，母親帶他去找校長，試著了解星期六的彌撒究竟發生了什麼困擾她兒子的事。馬克只告訴校長，葛拉夫神父赤身裸體。學校沒有報警。「從那一刻起，我只向上帝祈禱，希望沒有人談論這件事。我受盡羞辱，我不了解到底發生了什麼事。我只知道，之後我每天晚上躺下來睡覺時，滿腦子都在想那件事。我不禁回想每一個細節，想了又想，想了又想。」

1988 年，即馬克最後一次被侵犯三年後，葛拉夫神父被送去教會在新墨西哥州設立的性侵犯復健診所。離開那裡後，他轉往另一個主教轄區繼續侵犯孩童，之後才終於被捕入獄。後來，神父因為一起意外死於獄中。

那個星期六下午的遭遇，馬克一直保持緘默到 2009 年 3 月 26 日。那天，他另一個曾遭葛拉夫神父侵

犯的童年玩伴亞堤（Artie）自殺了。馬克墜入憂鬱深淵，幾乎沒辦法下床，甚至考慮自殺。他當時的妻子明白他的遭遇，告訴他：「你必須選擇：要不就死，要不就奮戰。」所以，馬克向地方報紙訴說了他的故事。

故事見報後的反應令他吃驚：數十位唸過他那所學校的學生，紛紛站出來坦承自己也受過類似侵犯。「第二篇文章刊出後，光是我那所教會學校就有超過四十位校友來找我，他們都受過葛拉夫神父或邵戈神父（Father Shigo）某種類型的侵犯。」他明白，藉由揭露真相，他不僅幫助自己療癒，也幫助其他遭受過類似侵犯的人。

「對我來說，這是個讓我重新發現自我價值的過程。我覺得，我真的能夠幫助人們療癒。我再也不在意自己能否療癒了，沒把自己看得那麼重要了。」見到校友反應踴躍，馬克受到激勵，於是打了電話給他那一區的賓州眾議員但丁・桑托尼（Dante Santoni），希望能夠促成實質的改變。桑托尼議員安排馬克會見他的同事——民主黨籍、時任賓州眾議院司法委員會主席的湯姆・卡爾塔吉羅內（Tom Caltagirone）。

進入湯姆的辦公室，馬克看到牆上掛滿教宗和主

教的照片，頓時覺得談話可能不會順利。預感正確。
「我還記得離開他的辦公室、搭電梯下樓的情景。桑
托尼議員緊緊抱著我，我的妻子就在旁邊。聽到司法
毫無機會，因為刑法法定追訴期在強暴事發五年後就
過了，民事庭也沒有追索權，認定那將徒勞無功，著
實令人沮喪。」

　　寬恕的過程耗時漫長。馬克清楚記得他寬恕葛拉
夫神父所作所為的那一刻。「我記得，那時小女常在
東岸各地征戰打壘球，我姊給了我一本名叫《小屋》
（The Shack）的書。*當時我正陷於掙扎，我記得我一
個人坐在外野，開始吶喊，像是說：『啊！我可以原
諒葛拉夫神父了。』」一放下自己一直背負的憤怒，
希望的感覺便油然而生：人生真的可以變得更好。就
在那時，他允許自己從憤怒的境地，走向同情神父的
境地。

　　「我原本恨上帝、恨宗教、恨有關教會的一切。
我試著退一步思考他的遭遇，也許他年輕時曾遭侵

＊ 威廉‧保羅‧楊（William P. Young）撰寫的小說，敘述一位小女孩被
　誘拐、慘遭殺害，父親努力從她的死汲取意義的故事。

犯。就我所知，也許他是在教會裡被侵犯。沒錯，他是侵犯我了，但他能這樣侵犯我只有一個原因：主教縱容這種事情發生。」馬克看了葛拉夫所犯惡行的全貌，然後他卸下長久針對神父的怪罪和憤怒，導向容許侵犯發生的更大體系。就是在那一刻，馬克決定寬恕。「我想：『對，我不要再懷抱這種憤怒和痛苦了。』我再看看主教，看看教會的統治階級，決定將怒氣轉向那裡。因為是那些人允許這種事情發生，他們心知肚明，卻放任姑息，我絕對不會原諒他們。」至今仍舊無法原諒天主教會高層，馬克將怒火化為為性侵犯受害者奮鬥的燃料。

馬克在女兒壘球賽場上經歷的那一刻，就是拯救他的寬恕時刻。「我別無選擇，因為我的家人在受苦。我開車時會沒來由地大叫，女兒納悶我怎麼了？爸為什麼那麼煩躁？我經歷了那麼多問題、苦苦掙扎，那不斷地吞噬我。」讀完姊姊給他的書，他心中洋溢寬恕，不只寬恕了葛拉夫神父，也放下他對上帝抱持的憤怒。「上帝不必為我的遭遇負責。上帝不是教會，教會不是上帝。我不曉得這個人的情況，也許他困在什麼事情走不出來，最後出了問題。」

在他的文章於地方報紙刊出後，馬克記得一天早上和家人前往教會，在門口被蒙席攔住。蒙席張臂擋住走道，叫他們不用特地進去了。此後，馬克只進過兩次天主教堂，都是參加他童年玩伴的葬禮——兩人都被葛拉夫神父侵犯過，後來都結束自己的生命。

放下對葛拉夫神父的憤怒，也讓馬克覺得輕鬆不少。「那真的如釋重負，我覺得充滿動力。我努力搜尋文章，能讀多少就讀多少，每晚花好幾個小時在腦海重新經歷一切。那就是放下。還有了解那不是我的錯，跟我沒有關係，只跟他有關。」能從葛拉夫神父那裡取回掌控權，對馬克是真正的寬恕之舉。「對我來說，真正的寬恕不只是言語，而是看著我的心裡面，感覺真的能說『沒關係』了。不管你對我做什麼，都無法定義我。」他說，寬恕不只是為了現在的自己，也是為了更年輕的自己。他終於能放自己自由，終於能讓自己為自己的行動負責，不再將自己現在的選擇或經歷，歸咎於那麼久以前蒙受的侵犯了。

2011年，馬克接獲桑托尼眾議員來電，告訴馬克他計畫退休，而他知道他的工作對馬克有多重要。他告訴馬克，如果馬克有意從政，現在就是良機。所

以，馬克決定參加2012年賓州眾議員初選，角逐第126選區、桑托尼的遺缺。選戰期間，馬克挨家挨戶拜訪，懇求民眾支持。「我開始訴說我的故事，好多人在門內哭了起來，告訴我他們從來沒告訴過別人的事。太不可思議了！有些男士雖然不願談論那些，但會說：『請繼續奮鬥。我沒有你那麼堅強，我可能永遠不會談那件事，但無論如何，我會把票投給你。』」

聽到社區給他這樣的回饋，堅定了馬克的奮戰意志。他得知，在賓州，「每四個女孩、每六個男孩，就各有一個曾在十八歲以前被性侵犯過。而最糟的是，願意說出來的只有九分之一。」馬克的競選獲得動力，而他以近七成得票率贏得民主黨初選。他繼而在2012年11月贏得普選，在2013年1月1日就職。

2016年，馬克站在賓州眾議院的議場發表誠摯的演說，懇求同事支持取消兒童性侵案件追訴期的法案。眾議院以壓倒性多數通過法案，送交參議院，參議院刪除了溯及既往條款，最終撤回法案。2018年眾議院再次通過類似立法，但到本文撰寫為止，共和黨參議員仍繼續阻擋法案。爭議點在於溯及既往是否合憲，所幸目前似有廣大民意支持為將來性侵受害兒童

取消追訴時效限制。

　　對馬克來說，他將一輩子為性侵受害者爭取權益。「那儼然成為我身分的一部分，我認為那將是一場終身的奮鬥，不是只要立法就好。就算通過立法，仍會繼續有孩子受害，我們必須為那些孩子制定政策，以便擁有適當的工具幫助他們及早療癒，也要找出施暴者，避免他們繼續為害。」馬克永遠無法消除他受到侵犯的記憶，但他已經找到方法寬恕侵害他的人，恢復內心平靜。而他仍對教會燃燒的怒火，將繼續驅使他奮戰到底，確定諸如此類的罪行不會再被縱容。

我出身自一個信奉天主教的大家庭，當新聞播出那些性侵害報導時，我得花點時間消化，並且仔細思考，身為天主教會的一分子，自己作何感想。身為天主教徒、身為人類，我絕對不希望我所屬的群體姑息任何侵害惡行，特別是對幼童。我是在聖塔莫尼卡的教會做禮拜，一天，蒙席在布道時就此議

題發表談話。他說，他很難理解竟然有那麼多教會發生這種事，而他清楚表明，他和他教區的民眾都不會容忍任何形式的侵害。

就我個人而言，當我想到自己是天主教會一分子時，我想的就是我的教區，我成長、受洗、以往在這裡做禮拜、未來也會繼續在這裡做禮拜的教區。那裡開放、包容，為社區做了許多很棒的工作，是個好地方。話雖如此，就算在好的組織，也可能發生可怕的惡行，而作惡者要為他們的行為負責。但願天主教會能夠更善於改變和成長，特別是在拓展女性角色、接納離婚和同性戀，以及杜絕侵害等方面。

我知道，聆聽馬克的故事不容易。但我相信，既為天主教會一分子，我們尤其有責任聆聽這些故事，保證事情絕對不會再發生。馬克・羅茲不是天主教的敵人，他是十字軍戰士，所有相信天主信仰神聖不可侵犯的人，都應該感激他、支持他。

14

蜜雪兒・萊克萊爾
Michelle LeClair

掙脫束縛尋找愛

「透過寬恕，你就不會再為那些犯在你身上
的罪而受苦。」

——布萊恩特・麥吉爾

蜜雪兒・萊克萊爾是非常堅強、有韌性的女子。十幾歲的時候，她出過一場差點送命的車禍，自此渴望靈性的寄託。她求助於在山達基教會（Church of Scientology）相當活躍的母親。車禍後不久與一名神職人員碰面後，她本身也成為該教會的虔誠信徒。

入教之初，蜜雪兒和教會指派的一位導師進行一系列的對話。導師鼓勵她坦白暢談人生，以便獲得有

益的指引——這便是山達基教會吸引人的地方：看
似一個開放、滋養的社群。蜜雪兒的導師問她：平常
還認識哪些人，他們是否可能有興趣加入教會？如果
答案是否定的，導師就建議她換個社交群體，並且避
免和不會有興趣入教的人來往。蜜雪兒就是在諮商期
間，首次表露自己會受到其他女性吸引，而那些念頭
很快就被導師遏止。

　　山達基教會的創辦人羅恩・賀伯特（L. Ron
Hubbard）不贊成同性戀，指出任何愛慕同性的人都
該被視為「生了重病。」他覺得受同性吸引的人是
「罪犯」，「邪惡」而「不可信賴。」開誠布公的結
果，導致蜜雪兒被要求和其他教友接觸——她大多不
認識——為她的女同志思想「贖罪」，請其他教友簽
名認證，做為被接納重回教會的先決條件。這雖然很
羞辱人，但蜜雪兒還是照做了。

　　亟欲獲得教會接納，蜜雪兒只好掩藏她對同性的
情感，嫁給一個雄心勃勃的男演員，也說服他加入
教會。在丈夫發現，教會總是將婚姻摩擦怪罪蜜雪兒
後，他便開始粗暴對待妻子。蜜雪兒不到一年便試著
訴請離婚，沒有成功，反倒丈夫繼續仰仗教會斥責蜜

雪兒「未履行夫妻義務。」丈夫食髓知味，明白透過羞辱、利用教會和身心虐待，他想要什麼都可以得到，於是婚姻暴力變本加厲。教會建議他們報名昂貴的山達基婚姻諮商，在那些諮商中，錯通常一概推給女性，而諮商人員總要蜜雪兒回家扮演好妻子的角色。

山達基教會吸引教友的利器之一是和企業顧問共事的機會。這些顧問協助蜜雪兒創造事業和財富，回過來鼓勵她透過捐獻與教會分享財富。不久，蜜雪兒經營的保險公司業績亮眼，她公開讚揚教會，帶進新的教徒，也募得一大筆錢。在她待在教會的那些年，她的捐款超過五百萬美元。

儘管表面風光——財務成功、擁有四名子女、婚姻美滿——蜜雪兒私底下過得十分悲慘。她和丈夫繼續進行婚姻諮商，而她在諮商期間再次坦承自己受同性吸引，渴望結束十四年的婚姻。教會不鼓勵離婚，也讓離婚程序困難重重。最後，蜜雪兒揚言不再捐款。隔天，她便獲准找律師談談，擬了她渴望已久的離婚協議書。

離婚後不久，蜜雪兒遇見知名音樂製作人蒂娜‧克拉克（Tena Clark），兩人的友情迅速發展成熱戀。

結伴旅行後，蜜雪兒接到教會前導師打來的電話，問她是不是跟女人有曖昧關係？當時，雖然她顯然與蒂娜墜入愛河，但還沒有勇氣承認。要到 2010 年，做為山達基教徒二十一年後，蜜雪兒才終於鼓起勇氣離開教會，和她深愛的女人過著自在的生活。

但是，離開山達基教派並不容易。儘管背負罵名，蜜雪兒仍然設法和母親一起脫離。她說，她一脫教，教會就開始讓她的生活如人間煉獄。她說，她的電話和電腦都被「駭」；她看到可疑的車子停在家門外；戴墨鏡的男人尾隨她進入超市；連孩子上學也被跟蹤，而這才是開始而已。

脫離教會一年後，蜜雪兒被加州政府指控進行龐氏騙局，引發一場纏訟數年的法律戰。最後，所有刑事指控撤銷，但她得支付數百萬美元的訴訟費，以及更多金額來彌補客戶的損失。

經歷這麼多嚴峻的考驗，看來蜜雪兒有一大票需要寬恕的對象，但她必須最先寬恕的人是她自己。她知道，她自己要為這整場苦難負責，是她任憑自己被山達基教派吸引、嫁給他從來沒愛過的男人、投資她始終不信任的生意人——任憑自己被一群透過諂媚

與恫嚇來馴化、強迫她的人利用。那些人說服她，遵循他們的路而放棄了她自己的路，是她「讓自尊凌駕真心」，讓企圖心掩蓋良知，是她為了追逐名利犧牲心之所向。年輕時，她因為渴求認同和成就犯了這些錯。年輕時誰不犯錯──誰不曾受到誘惑，做出將來後悔的事情──但很少人必須為自己的失足付出那麼慘痛的代價。寬恕自己，是蜜雪兒通往救贖的第一步。

　　我問蜜雪兒，她怎麼定義寬恕？她遲疑了。我再問她，能否寬恕山達基教派讓她經歷的這一切？她說：「如果寬恕的定義就是放下，那我會說：沒錯，我寬恕他們了。我不認為說『我原諒你』，就意味著他們的所作所為沒什麼關係。我只是對那些事不再抱有任何情緒，我已經百分之百讓那些事脫離我的人生了，因為繼續痛苦下去，只會傷害我自己、我的家人和我的人際關係，對其他人沒有影響。」對蜜雪兒來說，繼續對教會抱持憤怒，不會改變任何現實，所以她決定做對自己最好的事：放下憤怒。

　　不過，放下是知易行難的事，特別是像蜜雪兒那樣需要持續奮戰。那就是為什麼對她而言，寬恕就像「需要鍛鍊的肌肉。」肌肉或許一開始很弱，但會愈

練愈強。她一直提醒自己一件最重要的事：選擇愛，不要選擇恨。

　　往往，我們以為自己已經做到寬恕，卻又碰到突發事件提醒我們，還有更多工作要做。蜜雪兒就曾發現自己當初並未真正寬恕自己，所以必須從頭來過。她說：「這一次，我不再跪下來禱告，而是盡可能彎腰、壓低身子。當我祈求寬恕，浮現腦海的話語和感覺是：『我很久以前就原諒妳了！是妳需要原諒妳自己。』我讓這種純然平靜的感覺充滿身體——我的人生就在那一刻轉變。」

　　蜜雪兒身邊也有親人朋友，幫助她熬過那段不僅寬恕自己，也放下怨尤的過程。那些負面情緒在她的人生已無用處，她說：「我現在可以說，怨恨、痛苦、憎惡，都在那一刻離我遠去。」對她來說，寬恕是讓她得以擺脫過往創傷，從此敞開心胸、接受未來無數可能的途徑。

第一次採訪蜜雪兒的時候，我以為她會著眼於寬恕教會讓她蒙受的煩擾。我很意外，她寬恕的對象主要是自己。對我來說，她的旅程凸顯了為我們自己的選擇承擔責任的重要性，就算那些選擇使我們陷入非我們所能掌控的艱辛。放下並不代表蜜雪兒認同自己遭受的待遇，而是承認她永遠不會得到山達基教派的道歉，也無法正當化他們的行為。為了過最真實的人生，蜜雪兒了解，她必須靠自己規劃前程，必須靠自己找到勇氣，脫離那個阻礙她的機構。我知道，我會謹記這則教訓——不論是與機構、情境、人或任何事物有關——努力追求屬於自己的真實人生。

蘇・克萊伯德
Sue Klebold

墮落的兒子

「最壞的人亦有善的一面，最好的人亦有惡的一面。了解這一點，就不會那麼憎恨我們的敵人。」

——小馬丁・路德・金恩

1999 年 4 月 20 日，兩名青少年：艾瑞克・哈里斯（Eric Harris）和狄倫・克萊伯德（Dylan Klebold），帶著威力強大的武器走進科羅拉多州李特頓的科倫拜高中（Columbine High School），開槍殺害了十二名學生、一名教師，另外造成二十多人受傷。在與警方駁火後，兩名凶手先後在學校圖書館裡自殺身亡，留給世界和他們的家人一陣驚愕和一堆無解的問題。儘管兩人曾指出，他們的目標是幹下一樁比擬 1995 年奧克

拉荷馬市爆炸案的校園爆炸案，但男孩殺害那麼多無辜人民的動機不明，至今仍是個謎。可悲的是，科倫拜槍擊案儼然成為之後許多大規模槍擊事件的藍圖。

　　據說深受憂鬱症所苦的狄倫·克萊伯德在日記中寫到，自殺的想法帶給他逃離黑暗思想的希望。他的母親蘇·克萊伯德渾然不知兒子在想什麼。狄倫最後的舉動讓蘇明白，她對他內心世界的混亂竟一無所悉。這起可怕的事件，讓李特頓的鎮民和世界其他地區的民眾把矛頭指向男孩的爸媽，責問是怎麼樣的爸媽可以讓這種事情發生？她也一邊問自己同樣的問題，一邊反省身為人母的角色。

　　她向來認為，母親是她一生扮演最重要的角色，也深以這個角色為傲。忽然間，她覺得自己宛如受到審判。「全世界都要我們負責。我們的州長上全國電視指出這是爸媽的錯。」世界沒有想到的是，蘇一面承受舉世的仇恨，一面也為失去自己的孩子——她深愛的兒子而傷心。

　　除了面對兒子的死，還要面對那麼多無辜民眾慘死的事實，至今仍令蘇痛徹心腑。從她得知兒子幹了什麼事的那一刻起，她便不斷懷疑，那個她自認非常

了解的男孩，怎麼可能會犯下如此傷天害理的惡行？
「我不了解狄倫那天為什麼會那麼做。我們這些認識
狄倫、愛狄倫的人，沒有人認為他能夠做出任何形
式的暴力，因為他就不是個殘暴的孩子啊。他是個溫
和、會息事寧人的孩子。我們想：『這會不會胡鬧過
了頭，或者他被洗腦，根本沒打算這麼做。』我們真
的這麼相信，直到六個月後警方調查報告出爐為止。」

　　當蘇聽到警方對槍擊案的說明，最初的迷惘、困
惑、震驚頓時消逝無蹤。她陷入否認的情緒之中，直
到稍微認清社區和世界各地的人怎麼看待她的兒子，
才有所改變。「我終於看到別人眼中的那個人，在那
一刻，我幾乎要恨他了。在那之前，我一直深感同
情，彷彿是出了什麼差錯，他不打算那麼做，不是事
先計畫好的，是莫名其妙發生的。我什麼都相信，就
是不相信真相，因為我沒辦法坦然接受真相。當我看
到警長的簡報和孩子錄的影片，既裝腔作勢、怒氣沖
沖又令人嫌惡──他們是如此令人毛骨悚然、如此冷
血──那一刻，我由衷對狄倫感到憤怒，因為我聽得
出他對世界、對他認識的人、對家人滿懷憤怒。他一
臉不屑。我從沒見過他那個樣子。」

　　蘇對兒子溢於言表的仇恨，與亟欲斷送那麼多無辜性命的熱望大吃一驚，頓時覺得他的行為不可饒恕。但最終，母親的角色讓她能夠超越憤怒，試著深入理解狄倫的掙扎。「對他的母愛徹底抹去了我的憤怒。我沒辦法在如此心碎、如此想念他的時候，繼續生他的氣。有些人會因為摯愛犯下暴行而憎恨他們，而且責怪好幾年。我個人的經驗不是如此。我認為他一定去過某個可怕的地方，才會變成我看到的那個人。我身為母親的職責，就是試著釐清他怎麼會去那裡——那是個什麼樣的地方。」

　　蘇得知她的兒子一直在與自殺的念頭奮戰。是「他自己的想法、自己的扭曲、自己受的苦，逼他走上那條路。」得知他承受了多大的痛苦，讓她得以放下怒氣，尋找答案。「我不會用『寬恕』這個詞，我想我會用『理解』吧。一旦我們試著理解某人為什麼會那麼做，寬恕的需求就消失於無形了。如果你有同理心，就沒有寬恕的必要了，因為你了解，你能夠設身處地，體會他們的心情，怪罪的感覺便煙消雲散了。」

　　她試著對自己好一點，不要責怪自己不知道兒子的惡念，那正是她無法完全解開的謎。「我知道，我

想把他養育成一個有愛、有道德、懂得尊重的人。我盡我所能灌輸那些事情，我認為自己沒有在他心中種下仇恨。」明白自己已盡力養育一個有愛的人，這點幫助她管理自身的悲傷和恥辱。

蘇身處的情境，以及她與寬恕這個概念的連結，旁人或許很難理解。儘管很多人出於直覺對校園槍手的父母感到憤怒　　為他們孩子的行為責備他們——但她解釋，對她來說，他人的憤怒與寬恕同樣難以消受。「我一直覺得有種情況很難面對：每當有人說『我原諒妳』的時候，那會讓我覺得想要防衛，因為我會懷疑：『你要原諒我什麼？』我努力當我心目中最好的母親，我不曉得我的孩子在經歷什麼。假如我知道會發生這種事，我一定會竭盡所能加以避免。寬恕可能挾帶著某種優越感，或傲慢，甚至自以為是。當我們談論寬恕他人時，我們必須當心，寬恕別人會讓我們位於某種程度比他人優越的位置。我們說『我原諒你了』，彷彿是在贈送對方什麼寶貴的好禮物。」

那麼多人願意寬恕蘇，反而為她構成挑戰。「我不想要被寬恕，因為那暗示我犯了什麼需要被寬恕的錯。狄倫做的事情無可饒恕。我自己對寬恕的努力，正

是以我跟他的關係為中心。假如我有機會再與狄倫面對面，我要對他說的第一句話是：『你可以原諒我嗎？你可以原諒我沒有成為你可以信任的那種人嗎？你可以原諒我觀察不夠深入，不知道那時你正在受苦，不知道該對你說什麼，不知道如何幫助你嗎？』那就是我苦苦掙扎之處，而我已經做成結論：身為母親，如果孩子自殺身亡，我們永遠不可能完全原諒自己。」

　　她知道自己永遠無法走出兒子自殺的陰影，也相信唯有他的寬恕，是真正對她重要的寬恕。他不在以後，她徒留內疚與悲傷，因為兒子是那麼迫切需要幫助，自己卻無能成為更好的母親。「我不認識任何一個自殺身亡者的父母或摯愛能夠徹底寬恕自己的。在我們心底，那個人是選擇離開我們的。就算我們已經用盡全力，就算他們已經接受治療……而狄倫沒有，他沒有做過任何診斷。真正難上加難的，就是寬恕我們自己啊。」每當有人找上蘇表示寬恕之意，她都提醒自己：「寬恕是我們送給自己的禮物。別人能否送出寬恕我這份禮物給他們自己，其實跟我沒有關係，只跟他們有關係。那對他們而言是好事，我完全了解那種需要。」

　　蘇努力過著沒有兒子的生活。「我已做成結論：我永遠無法真正寬恕自己。那也無妨，因為我為什麼該為無法自我寬恕而折磨自己呢？我已經有夠多其他事情可以折磨自己了。我接受，寬恕自己，或許是我永遠沒辦法百分之百做到的事，但我確實試著將感覺化為行動了。」蘇每天都活在兒子狄倫的回憶之中，試著把她體會到的種種傳播出去，協助其他可能面臨類似情況的父母，希望引導他們邁向健康的解決途徑。

　　「我試著將我的生命奉獻給狄倫的回憶，努力思考當初若做些什麼，可能對他有所幫助。所以，我跟大家說話，跟其他父母、老師、教職人員和執法單位說話。我說：『我們必須理解那些正在受苦的人。就狄倫的例子而言，他是個充滿憤怒、正在受苦的人。那可能讓他們變得危險。』」蘇未能察覺兒子憂鬱並給予需要幫助的事實，將永遠如影隨形。

　　提及需要擺脫憤怒的人生，蘇很快表示，她從來不是那種一直背負著憤怒的人，也不認為自己現在懷有怒意。她很清楚自己已經拋開負面情緒，但她不想拋開兒子的回憶過日子。留住他的回憶，對她來說非常重要。「我不想擺脫他，我甚至不想放下回憶，因

為正是回憶，拉近我與狄倫之間的距離。」蘇認為，當初她或某個人也許有辦法阻止她的兒子奪走自己和其他那麼多人的性命，這個想法讓她很想與他人分享她學到的教訓。

「我覺得心如刀割，因為我相信像這樣的悲劇，是可以避免的。我由衷相信自殺是可以預防的，如果我們擁有正確的工具和資源，在某人面臨重要關頭時做正確的事、說適當的話。當時我不具備那種知識，假如我有，悲劇或許就不會發生了。但就是這樣的領悟──我本來或許可以幫上忙、卻沒有幫上忙的領悟，讓我將感覺化為行動，對自己說：『把方法分享出去，告訴人們你希望自己明白什麼，告訴人們你希望自己當初說了什麼。』」

蘇希望她的訊息，可以傳到無數受到自殺波及的人，希望幫助其他人避免像她和她的社區那樣痛失摯愛。「試著幫助他人，是我向所有遇害和受傷的人傳送愛的方式，時時刻刻，分分秒秒。」正是對兒子的回憶，讓她能夠傳播意識、教導那些或許身處類似情境的人。她希望，狄倫正在某個地方，感受母親對他的愛──她努力在有他的回憶中展現的愛。「我永遠

不會原諒自己，因為我永遠不想讓自己遺忘我原本可以做的事。我不希望任何人忘記，我們絕對不可以停止伸出援手。如果在我這些年的悲傷之中，真的藏有什麼禮物，那或許是對人類具有更強烈的同理心，以及對人生可能存在著令人痛苦的諸多方式，擁有更深刻的理解。」

雖然其他人對自己的寬恕，會讓蘇感覺不自在，但她很清楚，若換成自己是遇害孩子的家人，她也會有同樣的感覺。「我心底明白，要是情況反過來，是我的兒子被其他孩子殺害，我一定會感覺憤怒、充滿批判。」她一直奮力抗拒的是槍擊案發生後，州長和整個美國安給她的罪名。「歸咎、指責，對於療癒毫無幫助，一點也沒有，因此我難以接受、寬恕。但也是那麼嚴重的指責，讓我領略教育的重要，因為如果人們無知到相信這麼簡單的解釋，那就是在呼籲我行動了。那要我站起來說：『等等，事情不是這樣的。如果大家相信這就是原因，只會讓自己置身更大的危機當中。』我不喜歡無知，我想要盡一切所能消滅無知。」

蘇和將科倫拜校園槍擊案歸咎於她的大眾保持距離。雖然她不認為寬恕那些拿兒子之過指責她的人有

什麼用處，但她也明白，對他們懷恨在心是白費力氣。「我不寬恕人。我不需要寬恕人。我覺得這整個寬恕人的概念太自我中心。這就是這種討論如此困難的原因——我了解，我寬恕某人與否，無關乎我和那個人的關係，只關乎我和自己的關係。我願意放下憤怒，是因為放下憤怒，會讓我覺得快活一點，那才是寬恕這個話題的重點。寬恕不是你跟那個人之間的事，而是你跟你自己之間的事。」蘇不用「寬恕」一詞，寧可著眼於其他詞彙，例如：「平衡」、「整合」、「復原」、「同理」等等。她相信世上人人平等，而告訴別人你寬恕他們的做法，會創造出一種不平等，讓寬恕的人居於上風。

　　科倫拜校園槍擊事件二十年後，也是痛失愛子二十年後，對蘇來說，最困難的事情是努力寬恕自己。「我仍然認為，我們最困難的任務是寬恕自己。我永遠不會卸下自己應負的責任：我原本可以做些什麼來避免那起駭人悲劇發生，假如我知道該做什麼的話。」她將一輩子懊惱當初不曉得兒子心裡那麼絕望，也將一輩子背負著這個懷疑的重擔：要是當初明白兒子的痛，自己能否做得更多？雖然這起悲劇讓她

對寬恕的過程有了更深刻的了解，但並未動搖她的信念：寬恕是你只能送給自己的禮物。「我想，我深入鑽研寬恕的意義，但我不認為改變了我對它的看法。」

我相信有些讀過蘇的故事的讀者，會覺得她對寬恕的看法自相矛盾。有些人可能有辦法意會，有些人沒辦法，那也無妨。當我們聽到這種駭人聽聞的故事，通常無法想像那可能也對加害者的家人構成多艱鉅的挑戰。我們只想到受害者的性命被奪走、受害者的家人突然得面對新的現實；我們很難想像，過去二十年來，蘇到底經歷了什麼樣的痛楚。一如許許多多在悲劇發生當天失去孩子的父母，她整個人宛如被掏空——那麼多為未來貯存的愛和希望，都被掏空了。其他父母深受同情，蘇卻只能得到憤怒。我可以了解，對一個被迫背負悲傷與內疚雙重負擔的母親來說——因為失去愛子而悲傷；因為不知道

他的痛，無法進入他的世界及時幫助他而內疚——別人的寬恕，看來或許只是冰冷、敷衍的安慰。

　　蘇對於寬恕的看法，是我前所未聞的。一開始，我無法意會她的觀點：對她來說，說「我原諒你」感覺像是充滿優越感的聲明，但是現在我理解了。雖然我聽到那句話不會有相同的反應，我的寬恕經驗和她的不一樣，但我跟蘇的對話進一步向我證明，寬恕是多麼複雜、層層堆疊的主題。寬恕之於我，可能和寬恕之於你截然不同，而那也無妨。唯有透過開誠布公的對話、透過同情，我們才能深化對寬恕的理解，並且據此為自身成長調整行為。

　　蘇·克萊伯德的著作《我的孩子是兇手：一個母親的自白》（*A Mother's Reckoning: Living in the Aftermath of Tragedy*）一書版稅，已悉數捐給心理健康組織贊助自殺預防研究。

16

泰琳達・班寧頓
Talinda Bennington

消失的愛

> 「因此我們必須被愛的最後一種形式拯救，
> 那就是寬恕。」
> ——雷茵霍爾德・尼布爾（Reinhold Niebuhr），
> 　　　　　　20世紀美國知名神學家

2017年7月20日，聯合公園（Linkin Park）樂團主唱查斯特・班寧頓（Chester Bennington）被發現在加州帕洛斯佛迪斯家中自盡身亡。他結縭十二年的妻子泰琳達（Talinda）、跟查斯特生的三個孩子及三名繼子女一同哀悼，不知自己原本可以做些什麼來避免這起悲劇。摯愛自殺身亡，會留給遺屬一大堆複雜糾結的情緒。泰琳達說：「寬恕是我最早浮現的感覺，我真正確定的第一種情緒，因為我知道他過得不好。」

　　她深知丈夫在跟憂鬱症搏鬥，她也一直試著幫助他對抗他的惡魔。她一直與他同甘共苦。「我知道他無意傷害我們任何人。我直覺認為他墜入黑暗深淵，只是這一次沒有走出來——這不是他第一次嘗試了。」泰琳達能夠同理丈夫的憂鬱和自殺，是因為她親眼見證他與病情的漫長搏鬥。從離世前六個多月開始，他持續接受門診治療，積極戒酒和對抗憂鬱。「我們以為他沒事了；他正值巔峰、發了一張冠軍大碟、談了很多幽暗思想的事，而那是復元的一步，所以他們以為他沒事了。」

　　查斯特用盡一生對抗憂鬱和酒癮。在他公眾形象的背後，泰琳達從頭到尾目睹他私下的戰鬥，深愛著丈夫，而這就是為什麼她會在他自殺後感受到深深的同情和悲傷。她個人的感覺與她必須忍受的大眾撻伐呈現鮮明對比——有些查斯特的歌迷將她丈夫的死歸咎於她。有人上社群媒體責怪她沒有更注意丈夫的心理掙扎，那些強烈的反應讓她感覺十分受傷，怨恨丈夫選擇結束生命、逼她獨自背負痛苦的重擔。

　　她記得自己常問這句話：「你怎麼可以留下我承受這一切？」應付不間斷的攻擊六個月後，她終於接

受自己無法控制別人要怎麼說，也無法控制別人對她丈夫的死會感受多深的痛苦和挫折。「當人們失去自己所愛的人，不管認不認識，都想要怪罪某個人，而我是最明顯的箭靶。」她覺得正是領悟了這點，自己才真正走到寬恕的境地。

　　對泰琳達來說，寬恕是她每天都要面對的過程。為了幫助自己面對失去丈夫的事實，並且延續他的精神，現在她巡迴全美各地，談論自殺預防和心理健康意識。她分享她的故事，知道會有人會強烈反彈，但希望能夠幫助或許正像她和查斯特那樣受苦的人。如果有人像她先生那樣苦戰，她想要帶給他們希望，引導他們走向更好的結果。對她來說，時常面對憎恨不是件容易的事。每當遇到恨意，她會努力記住，人們表現出的恨意是因為痛苦、失去而生。她會提醒自己必須寬恕，必須往前走。她會從她明白的這個事實汲取力量：她必須成為孩子們的模範，因為他們也在應付沒有父親的新人生。她提醒他們：「堅持你們的真理」，不要理會那些負面的東西。

　　一邊當孩子的榜樣，一邊管理自己的悲傷，這對泰琳達持續帶來了不少挑戰。有時她會質疑，丈夫怎

麼可以留下她面對這麼殘酷的新現實！「我不但要處理孩子哭泣、孩子悲傷的問題，還要處理公眾的事。我必須密切注意我的社群媒體帳號，移除上面的仇恨言論，因為那裡有成千上萬人盯著看，想要尋求鼓勵和協助，我不能讓仇恨留在上頭。所以，我真的會為那種事發火，把矛頭指向他。但我很快就了解，這不是他害的。」

孩子受的折磨，也繼續讓泰琳達忿忿不平。「我真的替他們生氣，那讓我非常、非常難過，因為他們該有父親的。就連我最討厭的人，我都不希望他必須看著孩子的眼睛說：『爹地走了。』那真的令人生氣，但我必須寬恕，因為如果我緊抓著憤怒不放，就不可能敞開心胸愛我的孩子，全力幫助他們走出傷痛了。」

為了寬恕自己，泰琳達必須採取的最重要步驟之一是承認：她或其他任何人不管怎麼做，都救不了她的丈夫。他是「真的狀況不好，犯下悲劇性的錯誤。」她記得，查斯特向來毫不隱瞞自己在對抗憂鬱，也直言他覺得家人沒有他會過得更好。「我努力記住，是他心裡破碎的一塊在那一晚採取行動。我只能原諒他，因為他是真的愛我們。他是真的愛我。他

是那麼棒的父親。只是他的狀況相當不好,但是他隱藏得很好,這更使我的同情有增無減,因為那需要耗費相當大的心力。感覺那麼糟,卻不讓任何人知道,這需要耗費相當大的心力。」

　　泰琳達在查斯特生前與他共度的最後幾段時光,讓她誤以為查斯特情況穩定。回想他生前最後幾天,她真希望自己當時能夠看出他內心的掙扎,但她也知道,她的幫助常會惹來憤怒和拒絕。以往,每當她試著提供改善情況所需的幫助,他都會埋怨她、推開她。查斯特心理狀況不好的一塊,要他孤立自己,而非提醒她注意他的憂鬱。和丈夫相處這些年來,她已經非常熟悉酒癮的症狀,但憂鬱的症狀難以察覺。「憂鬱沒有臉孔,也可能佯裝成興高采烈,」她解釋。她知道,雖然她深愛丈夫,雖然她不顧一切,想要幫助他取得他需要的幫助,但最終只有查斯特能夠幫助自己。

　　泰琳達永遠不會知道那一晚查斯特是否真的打算結束生命,但學習毫不掩飾地療傷止痛,特別是為了孩子,是她現在最重要的課題。她希望,她的孩子明白,有她陪著他們一起哀悼父親逝世,他們並不孤

單，而他們經歷的一切都沒有關係。然而有些時候，她身為妻子的悲傷，會和身為母親的悲傷互相牴觸。「我覺得，我的婚姻好像遭到背叛，因為他離開了。他離開了。他選擇不要繼續待在這裡，那是背叛，當然需要某種寬恕。但我也在了解他的病情，以及是什麼樣的心理狀態，會讓他誤以為我們沒有他會過得更好時，感受到寬恕。」她需要記得，是丈夫的精神疾病逼他走上絕路，如此才能放下憤怒，原諒他結束了自己的生命。泰琳達知道，自己必須在寬恕和怨恨之間擇一，而她選擇了寬恕。

　　自從丈夫過世，泰琳達為寬恕下的定義愈來愈穩固。重點就是接受事實，而接受事實讓她得以放下憤怒。現在，只要她覺得受傷，就會試著省視自己的行為，看看自己在其中扮演的任何角色。如果她發現自己對情況有負面貢獻，她會請求寬恕。不過，她很清楚，到頭來，寬恕終究是你為自己做的事。

我們都認識和心理健康議題搏鬥的人，這是

最難對付的挑戰之一，簡直就像和鬼打仗，可能突然出現，又憑空消失，一直都在變換型態。當你以為它終於離開了，可能又去而復返，比之前更陰險、黑暗。而它最大的受害者正是它最忠實的盟友，會藏匿症狀，在我們最該擔心的時候騙我們放心。泰琳達對查斯特的憂鬱和自殺直言無隱，是為了淡化汙名，讓這個蔓延在社會每個角落的危機，得到迫切需要的關注。

對我來說，聽到別人力求寬恕的經驗——不論是處理亡故或一段正在改變的關係——都讓我省思自己對寬恕的理解，促使我更坦然面對自己的經驗。泰琳達的旅程凸顯了，如果你需要寬恕的那個人已經不在了，無法與你好好談談，要尋得寬恕是多大的挑戰。她的勇氣向我證明，當那種事情發生時，促進心理健康相關對話是唯一的出路——要讓那些正在受苦的人明白，要減輕痛苦，真的有其他選擇。

17

馬克・凱利
Mark Kelly

全新任務

> 「他的心和世界一樣大，但完全沒有空間容納不好的回憶。」
> ——拉爾夫・沃爾多・愛默生（Ralph Waldo Emerson），19世紀美國文學家、思想家

2011年1月8日，美國眾議員嘉比・吉福茲（Gabby Giffords）在一家喜互惠（Safeway）超市外面舉辦了「你家街角的國會」（Congress on Your Corner）活動，跟選民說話。這是這位亞利桑那州聯邦眾議員的特色，目的在與選區民眾直接接觸，了解哪些議題對他們關係重大。

那天，群眾裡有個名叫賈里德・勞納（Jared Loughner）的年輕人，毫無預警拔出手槍，朝吉福茲

腦門射擊。然後，他把槍口轉向其他群眾。這起槍擊血案奪走了六條人命，另外造成十三人受傷。當時吉福茲的丈夫馬克·凱利，正在為他最後一次太空梭飛行受訓，一聽到妻子遇刺的消息，火速趕回妻子身邊。

身為太空梭「奮進號」（*Endeavour*）最後一次飛行的指揮官，馬克受過管理高壓力、高危險任務的訓練，現在他聚焦於怎麼讓妻子活下來及復元。這項新任務使他幾乎沒有時間去想招致這起悲劇的男人。「我沒有時間對這個人抱持仇恨，那會花掉我很多時間，那是我最不需要的。我只想專注在『現在，我需要做什麼，幫助嘉比和處理這個情況？』」

馬克知道，他的反應並不尋常。從第一時間開始，他就把槍擊案視為過去事件，將注意力鎖定在妻子目前的需求和未來的復元。他從不迴避手邊的任務，也從不讓憤怒耗盡他的精力。「犯案者不是我要考量的因素。此時此刻，他一點也不重要。只要沒有時光機，就不可能回頭解決這個問題，問題不會消失。」

他完全忽視勞納，把全副心力放在妻子身上。「賈里德·勞納是別人的問題，是美國檢察官和聯邦調查局的問題，那是他們要擔心的事情。我根本連想

都不去想。」馬克認為，凶手與眼前的任務——嘉比的復元——毫無關係，這點充分展現了他非比尋常的紀律。

槍擊事件八年後，馬克仍全心投入妻子的復元。他告訴我，他從未經歷寬恕之路的任何階段，他的注意力一直在妻子身上，他不允許自己因為對勞納抱持什麼感覺而分心。槍擊案已成過去式，而一直背著負面情緒前進，會奪走妻子痊癒所需的正面積極。「我沒有時間處理那些事，我告訴自己：『往前走。』」

當嘉比終於出院，她必須決定要不要繼續她的國會生涯。2012年初，嘉比不情願地接受這個事實：她已經無法像過去那樣服務選民，所以她辭職了。雖已出院，接下來六個月，她仍然天天回診治療，看不同的醫師。當一切恢復正常的感覺終於浮現，馬克總算能夠喘口氣。在妻子於2012年1月辭職後，馬克覺得如釋重負，絲毫沒有報復的念頭。「感覺就像新的黎明來臨。如果你問我寬恕的事——我是否原諒這個人？——我從來沒想過這件事，那從來不是我覺得重要、必要、非做不可的事，因為我只顧著前進。他在獄中，我再也沒聽說他的消息。」

　　若說馬克是因為一心一意聚焦在妻子的復元，而能避開憤怒和報復的念頭，那也讓他遠離寬恕的想法。「如果你問我，我是否寬恕他了？我會說：我完全沒有想過這件事。那對我無關緊要，我沒有時間。」乍看之下，馬克彷彿擁有超能力，能夠控制自己怎麼想，但其實他極具同理心，就連對攻擊妻子的人也一樣。

　　思考勞納的犯案動機時，馬克說：「他有精神疾病，這對我來說就是主要因素。」他沒有把目光鎖定在攻擊妻子的人，讓他深感挫折的，反倒是整個美國社會體制有負於一個如此明顯需要幫助的年輕人。馬克覺得，假如勞納的精神疾病得到適當的照護，當初的悲劇或許就能避免。儘管如此，怨恨和報復的念頭仍未輕易出現，所以他並不覺得需要像我們許多人那樣，在創傷後整理自己糾結的情緒。

　　對我們許多人來說，寬恕是超越創傷事件往前走的必要步驟。寬恕讓我們能夠放下所有可能壓抑我們、把我們和痛苦牢牢綁在一起、害我們走不出黑暗時刻的憤怒。對馬克來說，透過意志力，這個過程來得迅速而自然：「我不允許自己生氣。因為這個人做

了這件事，不僅永遠改變了嘉比的人生和六名死者、十三名傷者的一生，在某種意義上，那也持續對我造成影響——而我不允許那種事發生。」

馬克認為，執著於憤怒只會讓他無法專注在妻子的復元需求上。嘉比和丈夫一樣，並未對槍殺她的男人懷恨在心。是天生的性格，讓馬克和嘉比成為能夠寬恕的人，但那也是一種刻意的選擇。

過了這麼多年，馬克仍然忠於他的任務，試著將心力專注於現在，而非無法改變的過去。他不曾讓槍擊案奪走他和妻子的愛與喜樂。從那時起，他和嘉比就聚焦於如何杜絕這類情事再次發生，他們努力籌措資金、提高意識來通過更嚴格的槍枝法案。事實上，馬克正在競選亞利桑那州聯邦參議員來實現進一步的變革。*「我們正在努力轉化嘉比可怕的遭遇，希望未來能夠拯救更多性命，特別是幼童。」

＊ 2020年底已當選就任。

馬克擺脫過去的速度，遠比多數有類似境遇的人來得快。雖然以自己的步調前進很重要，但我從他的經驗學到的是：有時候，將心力凝聚在新的焦點，可能是往前邁進、確保自己不會被困在過去的積極做法。他不與憤怒和怨恨搏鬥，而是將心力集中在手上任務：全心幫助妻子復元。我想，包括我在內，很多人都會說，那說來容易做來難，而馬克的應對方法，當然值得我們欽佩和學習。

我相信，我們全都可能追隨馬克的腳步，訓練自己的心智專注在若悲劇發生後能做哪些積極、正向的事 —— 我知道我可以這麼努力。即使跌跌撞撞在所難免，知道有像馬克這樣的人一直努力朝著復元邁進 —— 讓自己的心力脫離無法改變的過往，轉向更有希望的未來 —— 我永遠深受鼓勵。

18

伊斯克拉・勞倫斯
Iskra Lawrence

接受自己的美

> 「需要寬恕的人生，第一要務就是寬恕。」
> ——愛德華・鮑沃爾・利頓（Edward
> Bulwer-Lytton），19世紀英國作家、政治家

對伊斯克拉・勞倫斯來說，這段追尋「愛自己」的旅程並不順遂。童年時被美的理想轟炸——從電影到廣告——她吸收了關於外貌與舉止的扭曲形象，希望有朝一日為時尚雜誌增色。十三歲時，她參加《Elle》雜誌為年輕超級模特兒舉辦的競賽而進入模特兒的圈子。

隨著她穿梭令人目眩的經紀和攝影世界，一直有人教她嚴格的模特兒數學課：「妳的臀圍該是34吋，腰

圍該是24吋。妳起碼要有五呎九吋高、*皮膚好、頭髮
柔順健康、牙齒潔白整齊。」她記得，經紀公司會用1
到10級給模特兒評等，伊斯克拉將數字謹記在心。她
說，她「將數字視為和自己與理想的競賽。」不論經
紀公司告訴她，她需要具備什麼條件，她都想要。

　　伊斯克拉回想自己不顧一切，只為了達成經紀公
司的要求。青少女時期，她便依靠雜誌引領她追求完
美。她試遍了所有名人吹捧的流行飲食法，慢慢地，
她將種種不合常理的理想內化了。「妳會對那種拚命
量身材、一直看結果的感覺上癮。基本上，妳一直都
在挨餓、自我約束、運動到精疲力竭。妳只想看到更
多成果，只想更接近目標。」

　　當她投身模特兒世界時，她的觀念完全扭曲。她
說：「想要身材苗條、維持完美的渴望，把我吞噬殆
盡——耗盡了我的思想、熱情和動力。」每天早上，
她都會照鏡子，憎恨自己看到的景象。「我會抓住身
體脂肪最多的部位，把它們捏起來，恨不得立刻剷
除。我還google了可以縮減小腿肚的手術。」伊斯克

＊ 約175公分。

拉被厭惡自己的感覺壓得透不過氣：「對自己身體層層疊疊的憎惡，恨不得能把我的身體切幾塊肉下來，變得瘦一點。」

最後，她的自我厭惡到達極限。她恍然大悟，這種毀滅性的行為再繼續下去，她就是在褻瀆上帝所創造、「本來就不該完美」的身體。就在那時，她發現了有人尺碼模特兒這件事。諷刺的是，在拜訪專門提供大尺碼模特兒的經紀公司後，伊斯克拉得知自己太瘦了。她不得不懷疑自己，是否永遠無法符合任何人的審美理想？她被迫重新檢視與模特兒世界的關係——被迫問自己「付出的所有心力、所有時間、所有犧牲、所有痛苦、仇恨和傷害，是否只換來一場空？我打輸了這場戰鬥，沒有過上自己想過的生活，又不快樂。每一天、每一天就是投入時間在這項徒勞無功的任務上：把自己的身體改造成它不可能變成、也不該變成的樣子。」

伊斯克拉質疑模特兒經紀公司，為什麼要逼人厭惡自己，而非凸顯內在獨特的美。她決定證明世上有各式各樣「當模特兒、擁有身體、感受美和詮釋不同風格的美」的方式。這很快成為她的使命：「我已經

從改變自己和我的身體，轉向改變產業了。」

　　伊斯克拉不再以不可能的標準為目標，改為追求自己的最佳版本，但這件事也沒那麼容易。「我不禁會想：『我永遠上不了《Vogue》的封面或時尚評論，也不會成為漂亮香水廣告的代言人。』我得重新思考夢想和目標，也得體認，或許我真的可以成為我想看見的那種模特兒。」她領悟到，她會經歷種種身體形象的掙扎，或許其來有自；或許上帝賦予她的天職，比她想像的還要重大。她決定為自己的掙扎承擔責任，用自己覺得「不夠好」的經驗幫助可能身處類似境遇的人。

　　伊斯克拉從和朋友坦誠對話開始。她分享自己的心路歷程，讓他們知道自己並不孤單。接下來，她透過社群媒體拓展對話，接觸到做夢也想不到的廣大受眾。她暢談自己的飲食失調、不安全感及身體畸形恐懼症（body dysmorphia）*等煎熬。透過在網路上將自己的不安全感，赤裸裸地攤在全球民眾面前，伊斯

---

* 患者會因為過度關注、擔憂自身外表的缺陷和瑕疵，花上很多時間比較、掩飾、調整，但其他人卻未必能夠察覺到這些「缺陷」或「瑕疵」。嚴重者會影響日常生活，甚至會導致抑鬱和自殺。

克拉展開了療癒、寬恕的旅程。

　　起初，她覺得有必要原諒身體為她帶來的痛苦。但她很快就了解，她真正需要原諒自己的是：「曾經允許那種權力侵占我的人生，擁有這種掌控權。」她必須寬恕自己，曾讓飲食失調和身體畸形恐懼症消耗生命。她必須理解，儘管那些掙扎是她的故事的一部分，但無法定義她是誰。第一步是最難的：「寬恕自己，因為我在意的那些人，根本不值得我浪費時間。」

　　伊斯克拉必須正視這個事實：是她允許自己淪為不健康標準的犧牲品，是她折磨自己的身體來迎合他人的喜好。「我必須原諒自己，當時我還年輕。我患了精神疾病，包括飲食失調和身體畸形恐懼症，一個人默默與一切搏鬥。所以，那絕對是寬恕的重要部分。」

　　伊斯克拉創造了她稱為「鏡子挑戰」的練習，做為寬恕之旅的一段：「站在鏡子前面，看著我的身體，告訴我的身體說：『我愛你。』我不再像從前那樣，透過自我憎恨的稜鏡看事情，而是看著我的身體，找出我為什麼感謝它，為什麼珍視它，為什麼該讚頌它。沒錯，我的大腿變粗了，但那意味它們變得超級強壯，代表我可以跳得很高。」

　　這個望著鏡子、挑選她曾經認為有瑕疵的部位加以讚美的做法，是個重要的步驟，幫助她學習寬恕自己，向她的身體展現之前一直吝於給予的愛。「你的皮膚、你的身體、你的一切，都應該聽到愛的語言。」在自我苛責多年後，伊斯克拉讓這項照鏡子的練習成為日常儀式，那已經成為她的旅程不可或缺的一部分。

　　現在，負面的內心獨白，仍偶爾爬回伊斯克拉的思想。在那些日子，她會提醒自己所有必須心懷感激的事。「感激是巨大的，」她說。她在鏡子前面練習感激，也留小紙條提醒自己，她整天都可以重新發掘這個世界。她的寬恕過程有一部分是領會這樣的事實：負面的內心獨白肯定會再次出現，在那些時刻，她也必須寬恕自己。「我們必須寬恕自己感受到的所有情緒，以及腦海中浮現的念頭。對自己溫柔，包容一切。」實事求是、明白自己有順心也有不順心的日子，非常重要。寬恕讓伊斯克拉熬過不順心的日子，在愛的世界中前進。

　　一路走來，伊斯克拉創造出一句真言，能將她的身心靈置於愛與接納的世界：「這句話為我注入了深

深的自信：『我這樣就夠了。』我會在日常情境、在
生活中的每一個層面、每一段關係和工作時說這句
話，明白自己這樣就夠了。」這麼美好的一句話，表
明她已經戰勝那些折磨她的懷疑與不確定。這肯定了
她的價值，肯定了她對自我的接納。

　　伊斯克拉已經領悟：「我值得自己的愛與和善。
我曾經決定去做，或者已經做過的任何事情，都沒有
關係了，都是注定如此。我珍惜自己經歷過的一切，
每天一覺醒來，都會善用那些經歷來幫助自己成為更
好的人。」

很多人都難以寬恕自己對身體感覺到的羞
恥。我在洛杉磯長大，很小就感受到外貌壓
力，必須要像某個不是我的人。我記得，我
曾經努力不要超過特定體重、青春期不喜歡
身材曲線、高中體重增加時覺得不認識自己
的身體。我用過各種方式折磨自己，包括：
在一段起伏不定的不健康關係裡不斷地批評

自己的身體、試遍各種時尚飲食法、服用利尿劑和減重藥物等等，也一直和女生朋友以負面方式談論我的身體。我記得曾要身體忠於不可能的標準，不珍惜身體的正常運作和健康。

我，就像其他許多女性一樣，都能對伊斯克拉從怨恨到接受自己的身體的旅程感同身受。如她所言，寬恕我們的身體和我們自己，是一項持續不斷的練習。但是，以和善、關愛的語氣跟自己的身體說話——感謝你的身體賦予你力量、健康和能耐——是你天天都能做的決定。

接受我們的身體，是我們能給自己最大的禮物。忽視種種不可避免的改變來愛自己，這件事並不容易。但是，伊斯克拉提醒我，建立習慣——就像她的鏡子儀式那樣——能夠有效地幫助我們留在軌道上，以對我們被賦予的身體充滿寬恕、愛與接納的方式展開每一天。

譚雅・布朗
Tanya Brown

姊妹情深

> 「寬恕不見得容易。有時,寬恕傷害我們的人,感覺起來比我們受到的傷害還痛。但是,沒有寬恕,就沒有平靜。」
> ——瑪麗安娜・威廉森(Marianne Williamson),
> 《紐約時報》暢銷書作家

1994年6月12日,妮可・布朗・辛普森(Nicole Brown Simpson)在加州布倫特伍德家中慘遭殺害。她的妹妹譚雅・布朗當時二十四歲。接下來十一個月,妮可的前夫O. J.辛普森(O. J. Simpson)因涉嫌受審,將布朗一家人拖進非常公開、常被稱作「世紀審判」的訴訟程序。最後,1995年10月3日,O. J.辛普森獲判無罪——無法讓布朗家停止悲傷的判決。

因為媒體瘋狂圍繞著這起事件，多年來譚雅一直無法處理她的悲痛。未癒的創傷對身心造成相當慘痛的代價，她的接納之旅強烈考驗著寬恕的力量。

妮可遇害對布朗家各成員造成不同的影響，每個人也都以自己的方式面對失去。一家人最擔心妮可和O. J.生的兩個孩子。為了全心照顧孩子並走出喪女之痛，譚雅的父母馬上原諒了O. J.。譚雅告訴我：「他們寬恕了惡行，這樣才能繼續往前走。」兩個孩子協助支撐了一個家。譚雅記得，孩子是「我們所能擁有的最大禮物，因為他們讓我們保持忙碌，我們也讓他們保持忙碌。」她父母覺得拖著痛苦前進，只會給孩子帶來更多傷害。譚雅說，他們抱持這樣的態度：「我們得放下。木已成舟。我們必須往前走。」試著為兩個孩子打造正常的生活，有助於布朗一家子往前走。但譚雅哀傷的過程，才正要開始。

一直要到發現有關姊姊過世的真相，譚雅才真正走上接受之路。姊姊遇害後那兩年，她不相信O.J.是凶手。她無法想像那個當初發誓愛姊姊、保護姊姊的男人，會痛下殺手。但是，在法庭公布DNA證據那一刻，譚雅便堅信O.J.有罪了。知道姊姊死去時的情

況，是譚雅努力接受事實、繼續往前走的關鍵一步。然而，這份努力花了超過十年的歲月，而且需要異常堅定的信仰。

布朗家向來不是非常虔誠的家庭，但譚雅記得在妮可死後不久有個決定性的時刻。她記得，家裡有張姊姊專用的祭壇，家人會將從世界各地雪片般飛來的信件和禱文收在那裡。一天晚上，她發現母親坐在祭壇前面露苦惱。譚雅問她怎麼了？母親說，雖然她很感謝這些祈禱和祝福，但這也讓她意識到，她和她的家人並不虔誠。譚雅馬上回說，他們家或許沒有常去做禮拜，卻有深刻的信仰：「我們信神，我們有信仰。我們知道妮可在哪裡。我們相信來世。一切都會好好的。」與母親共處的那一刻讓譚雅安心：這段旅程她不是一個人走，他們一家人會一起為死去的姊姊哀悼。

妮可遇害兩年後的某一天，譚雅和家人坐在教堂裡，請求指點前進之道。她親眼見證爸媽接受姊姊的死，但寬恕對她不容易。她對母親的力量驚嘆不已：「她沒有遺忘，但是她寬恕了。她不允許事情以醜陋的方式呈現。」譚雅知道，這是前進的途徑，但是

她仍舊甩不掉悲痛，因此請求上帝協助。她記得自己說：「上帝，請帶走這份痛苦，幫助我往前走。」然後她記得——就坐在教堂裡，家人圍繞身邊——感覺到一道她從未感受過的光。然而，她仍然無法放下痛苦，未來的日子更加黑暗。

姊姊遇害十年後，承受不住無解的悲痛，譚雅自殺了。事實證明，這是個轉捩點。她就是在治療中心學習到寬恕的力量：「我學會接受。我學會如何真正往前走。不只是妮可。那是我一輩子累積的痛，那害我不淺，因為我不會面對自己的創傷、悲劇和失去。」

治療時，譚雅展開涵蓋人生每個層面的重生。「我學會愛自己、尊重自己、寬恕自己、給自己慈悲。」她終於有時間和空間，處理她背負多年的痛苦了。她終於能夠感覺、哭泣，在日記寫下自己的情緒了——事實證明，這項新習慣必不可少：「如果有人傷害你，拿枝筆，寫下來。」

她也在治療期間發現〈寧靜禱文〉（"Serenity Prayer"）：「主呀，請賜予我寧靜，接受我無法改變的事情；請賜予我勇氣，改變我可以改變的事情；請賜予我智慧，了解兩者的差異。」眼看身旁的人都在

與各自的悲傷奮戰，譚雅開始祈求上帝幫助眾人度過難關。她也在治療期間學到，你無法獨自熬過艱難時期。所以，她求助於上帝，並且堅信：不論人生變得多麼艱難，祈禱和信仰會幫助她度過。

譚雅知道，每個人邁向寬恕的旅程都不一樣，而有人永遠無法抵達目的地。我問她，是否已經寬恕O. J. 辛普森？她說她已經前進，不再背負對他的憤怒了。「我不在意那個人了——他不重要。我不希望他生病，不希望他死，不希望他痛苦，因為我們得替兩個孩子著想。」有外甥和外甥女要照顧的事實，在譚雅療癒的過程幫助了她。為了將全副心力放在他們身上，她已學會放下對他們生父的負面感覺，確定他在她的生命裡起不了任何作用。

對譚雅而言，這就是寬恕的真諦：「允許你自己說：『你控制不了我了。』」姊姊的死，永遠是她的人生故事的一部分，但她已經明白，那不能與她這個人畫上等號。「妮可、O. J.、那件事——我二十四歲時，那儼然成為我的身分，我們好像被推進這場馬戲表演裡。但是，隨著時間過去——不，那不是我的身分。那不過是我經歷過的一件事情罷了。」

　　譚雅的寬恕之旅，以它自己的速度邁進。今天，她試著充分活在每一刻，處理迎面而來的人生經驗。她也試著在姊妹放下的路上扶持她們，知道「何時準備好抵達寬恕的境地，這件事並沒有時間表。」對譚雅來說，「寬恕並不是讓傷害你的那個人卸責，而是讓你自己脫離創傷。」

　　譚雅提及英國喜劇演員暨作家羅素·布蘭德（Russell Brand）的教誨。她把自己能夠抵達接受和寬恕的功勞歸給布蘭德：「他說：『我們的靈魂都有洞，我們都在試著填補東西進去。那些東西可能是正面的，也可能具毀滅性。』」要不要選擇一條健康的路線，把我們自己置於中心，踏上釋放痛苦、通往寬恕的道路，取決於每個人自己。

　　完成治療後，譚雅取回人生的主導權。今天，她以人生教練的身分，和眾人分享她學到的教訓。她告訴大家，混亂、壓力會來來去去，但只要集中心力、持續愛自己，你就可以持續掌控你的旅程。她所傳遞的訊息，她自己便是實證：「把某人對你做的惡行，轉化成正面事物，幫助你自己和其他人。」譚雅能夠深思姊姊妮可的死，雖然她仍深深思念妮可，但是她

已經能夠往前走，不讓那件事占據生命的空間。

　　她也寫了一本書暢談她的心路歷程，與眾人分享她的見解。她希望坦誠談論她的掙扎，幫助其他人覺得自己也可以抵達接受、寬恕的目的地。在和深陷悲傷的人們對話時，她鼓勵他們「要勇於談論、感受、體驗、經歷。事情雖然令人苦惱、令人驚慌、陰鬱黑暗，但有人會支持你，你可以尋求治療或支持團體，或是找最好的朋友。相信我，你愈快放下痛苦，你的人生就會愈快往前邁進。」

　　譚雅選擇的道路，讓她能夠放下憤怒和悲傷，徹底活在當下。寬恕得之不易──她必須勇於面對最黑暗的時刻，才能放下──但是，這個過程讓她得以脫離別人強加於她的創傷，過她為自己選擇的生活。

身為家中最大的孩子，我難以想像若換成自己經歷譚雅的遭遇，是否能夠寬恕。她的故事證明她堅強、有自覺又心懷同情。在和譚雅討論時，她談論妮可的方式令我深深感

動──她依然深愛姊姊，但是對於她相信是凶手的那個男人並未背負憤怒。她的旅程再次向我證明，寬恕的過程沒有時間表。我們或許以為自己必須盡快寬恕，好在人生路上繼續前進，但那通常不如我們想像中有益。

與譚雅談話讓我豁然開朗，是我們寬恕的方法決定我們往後的生活品質。我當然曾經寬恕得太快，後來不得不從頭走一次循環，重新經歷我以為自己已經走出的情境。儘管要做到真正的寬恕，或許是平生最艱難的任務之一，但其回報無法估量。

20

阿德爾・阿塔米米
Adel Altamimi

愛的勇士

> 「若不寬恕他們，我就仍和他們處於互相傷害的關係。」
> ——亨利・克勞德博士（Dr. Henry Cloud），
> 臨床心理學家、《紐約時報》暢銷書作家

1998 年，九歲的阿德爾・阿塔米米發現了一件將永遠改變人生的事物。在家鄉巴格達放學騎車回家途中，他看到了一間武術館，裡面有好幾排男人在練習各種空手道姿勢。阿德爾是性格堅強、熱愛自我挑戰的孩子，所以立刻被那群人乾淨俐落、整齊劃一的動作吸引。他馬上加入武術館，全心投入空手道。

往後幾年，他和教練莫耶德（Moyed）建立父子般的深刻情誼。而後，2003 年，美國入侵伊拉克。

阿德爾記得，他一如往常前去教練家中拜訪。他打開門，看到莫耶德一家心煩意亂，血跡斑斑。他們告訴他，莫耶德在當地加油站的炸彈事件中喪命了。炸彈奪走附近四百條人命，這是阿德爾憎惡戰爭，也是走向寬恕的起點。

2004年，阿德爾和哥哥決定疏導心中對莫耶德死去的憤怒，轉為協助重建伊拉克。在這個節骨眼，伊拉克人必須在加入蓋達組織（al-Qaeda），或和美國一起努力建立民主政體之間擇一。阿德爾相信美國的願景，所以他和哥哥及幾個堂表兄弟開始擔任護送司機，跟美國人合作。在調整自己適應新現實之際，他一直把莫耶德放在內心深處。同一時間，恐怖團體正嚴密搜索協助美國人的伊拉克人。

一天，阿德爾的母親赫然看到兒子的名字，出現在蓋達組織的通敵嫌疑者名單上。她找人傳話給藏身中的阿德爾，叫他不要出來，甚至不要回家。他知道，決定不顧一切回到家人身邊，是在冒生命危險。回家途中，他遇到一個假的檢查站，蓋達叛亂者朝車裡開槍，但他仍舊平安到家，毫髮無傷。

2005年，阿德爾的哥哥在離開美國陸戰隊基地

時，遭一名蓋達狙擊手開槍擊中頭部。陸戰隊直升機將他緊急送往一家軍醫院，外科醫生救回了他的命，但是他失去了雙眼和鼻子。阿德爾的家人希望他離職，但他決定繼續。幾個月後，阿德爾和兩個朋友及其中一人的哥哥一起下班時，又遇到一個假檢查站。叛軍訊問他們，叫他們下車。搜查車子時，叛軍發現美國陸戰隊的徽章。他們把阿德爾等人痛毆一頓，然後拿塑膠袋套住他們的頭，把他們扔進一部車裡，載往祕密地點。

　　阿德爾相信自己難逃一劫。他想到他的家人：他的大哥遭薩達姆・海珊（Saddam Hussein）殺害；二哥現在失明又毀容；爸媽和小弟還在等他回家。阿德爾和朋友被鎖進一個房間，塑膠袋被摘掉。他們坐在一部攝影機前，幾個蒙面男人開始對他們咆哮，稱他們是幫助美國陸戰隊的恐怖分子。綁匪說他們跟美國人有瓜葛、必須處死，然後抓了他的朋友阿邁德（Ahmed）和阿邁德的哥哥，押在阿德爾面前，接著令阿德爾瞠目結舌地開始斬首。「那時，我真的想：『我會死——我會死在這裡。』」

　　恐懼排山倒海襲來，不過幾刻鐘前，阿德爾還跟

阿邁德有說有笑，現在他的屍體就倒在他面前。接下來，恐怖分子把砍斷的頭顱拿給阿德爾看，奚落他一頓。他記得自己一看到血，所有情緒都不見了。那一瞬間，浮現腦海的是母親、父親和莫耶德教練的身影。他記得，當時他想，很快就能在來世見到教練了。

　　他保持冷靜，明白自己馬上就可以跟摯愛的人在一起了。他開始禱告，而就在禱告的同時，他聽到四面八方槍聲大作，美國陸戰隊衝進建築物了。他們大叫，要他跑到屋頂避難。「『別擔心。我們保護你，我們保護你！』然後他們救出我們了，簡直就像一場夢。」那天，只有阿德爾和朋友兩人被陸戰隊救出。不久，阿德爾便回去工作了。

　　2006到2007年，伊拉克的狀態更趨惡化，阿德爾和家人搬到黎巴嫩。接下來，阿德爾的父親決定一家人必須搬到美國。歷經如此極端的創傷，阿德爾覺得抵達美國是件不和諧、超現實的事。他雖然很感激能夠來到安全的地方，但是覺得孤立而內疚，因為他自己脫離水深火熱，好多朋友和親人卻沒那麼幸運。他的哥哥也難以適應，無法在看不見的情況下探索新的世界。他深陷憂鬱，數度嘗試自殺。阿德爾也非常沮

喪，掉進漆黑的深淵——睡不著覺、壓力大得喘不過氣。一如哥哥，阿德爾試圖自殺。

「我真的好生氣，忿忿不平。焦慮。睡不著。我什麼都做不好。那不是我。」阿德爾想要離開美國，回伊拉克終老。他記得，父親要他坐下來，對他說：「你打算放棄了嗎？你信真主，真主救過你。祂帶你來到這個美麗的國度，你必須繼續奮戰。回去訓練，回去格鬥，那是你的熱情所在，不要忘了莫耶德。」他的父親提醒他，他真正的熱情在於他的格鬥本領。他父親要他努力去做，向教練致敬，這句話重燃了阿德爾心中的火。

後來，阿德爾搬到洛杉磯，開始在健身房訓練，並在餐廳當洗碗工。他看電影和電視節目自學英文，慢慢地，他在新家過得比較自在了。他擅長綜合格鬥，看過他訓練的人，無不印象深刻。這場旅程並不輕鬆：他住車裡、睡健身房、夜以繼日精進他的格鬥技巧。他戀愛過、心碎過，但終能重整旗鼓，繼續奮鬥。他一天比一天更強壯、更迅捷、在格鬥場上變得更危險。2019年，阿德爾和美國綜合格鬥推廣公司Bellator簽約成為職業綜合格鬥選手，大放異彩。

　　述說自己熬過的艱難困頓時，阿德爾非常務實
而充滿信心，展現了掙脫過去的能力。他倖存的關
鍵——希望的源泉——是他和真主的關係。每當覺
得想要放棄時，他就會跟真主說話，想起自己已經克
服了多少障礙、一路獲得了多少賜福。他堅信真主引
導他的命運，這個信念賜予他承受打擊、奮鬥到底的
力量。儘管蒙受了那麼多、失去了那麼多——他遇害
的家人和朋友——阿德爾無怨無尤。「我從來沒有恨
過誰，從來沒有。」他致力於和他人分享他的信念：
「我一直想當一個人們尊敬、信賴的人——相信我的
人生，相信真主。那就是我一直談論真主的原因。」

　　在一項常被物質與自尊蒙蔽的運動，阿德爾想成
為希望與謙遜的燈塔。「我也希望有新的孩子加入，
我不想當靠格鬥賺錢的人。我想當個人們尊敬的人，
這就是我。我覺得真主與我同在。」

　　是信仰引領他穿越飽受戰火摧殘的巴格達街道，
是信仰讓他在失去教練、家園殘破、摯友慘遭殺害後
振作起來，是信仰到今天仍然支持著阿德爾。「真主
至高無上；祂希望我好好活著。」阿德爾全心投入重
建，從未聚焦於復仇；他的目標一直是讓世界變得更

好。在這場奮戰中，最棒的武器是愛：「我愛我的家人，愛我身邊的人，愛任何人。只要幫得上忙，我都會伸出援手。身為人類，我們需要愛。真主就是愛。」

對阿德爾來說，愛就是寬恕的精髓：「如果你讀過《聖經》或《可蘭經》，真主總是在講愛和寬恕，彷彿我們受了傷也無妨——你做了什麼也無關緊要。真主的門永遠為你開啟。要是有人傷害我呢？我會寬恕。這就是真實人生中的我和信奉真主的我。這就是愛。」阿德爾明白，若非他的生命有真主存在，他絕對無法度過這一切。「將真主置於你的生命之中，你就會得救。我能夠走出這一切，是因為我相信祂，是因為祂救了我。這也是我愛這個國家的原因，因為它也救過我。」

儘管阿德爾已經熬過這一切，他知道沒人能夠保證明天會怎麼樣。他希望大家了解，我們應該「永遠展現愛與寬恕，永遠不要憎恨誰。」若他碰到害他哥哥失明、毀容的那個人，他也不會報復。若那個人請求寬恕，阿德爾會寬恕他。阿德爾記得，父親從來沒有對誰懷恨在心。如果有人偷父親的東西，他會跟阿德爾說沒關係，那個人顯然比他們更需要錢。他從小

讀《可蘭經》，也一直被教導寬恕的重要。那就是為什麼對阿德爾來說，唯有透過寬恕，才能脫離使他的家鄉元氣大傷的仇恨和暴力。寬恕和愛都成了他的畢生任務，而他將此歸於真主和真主在《可蘭經》裡的教誨。「寬恕就是愛。真主就是關於愛。任何文化、任何宗教，講的都是愛。」

　　阿德爾或許會被擊倒，但是他肯定會一心一意再站起來，願意寬恕、熱切散播愛，致力於克服仇恨。曾經失去這麼多，卻願意給予這麼多的人少之又少。阿德爾的故事向我們證明，每一天都是一份禮物，每一次艱辛都是一道課題，而我們呼吸的每一口氣，都將為我們注入希望，迎向更光明、璀璨的明天。

在這本書所有的故事中，阿德爾的讓我聽得最難過。他經歷的戰慄令人難以想像，他卻能以超乎想像的平靜，清澈回想往日種種。一如我採訪的其他人士，他將他的韌性歸功於信仰。一旦事件超越我們的理解能力，信仰至高

力量可以幫助我們保持堅強、恢復希望。

在和阿德爾談論他的故事時，他積極正向的精神令我驚訝。他所經歷的事情，我們多數人可能連想都想不到。採訪他之後，我開始以嶄新的觀點，重新思考生命的諸多面向。我曾經覺得艱鉅到無法克服的難關，現在視為減速丘，而非路障。有時，如果我們能夠退後一步、擴展視野，改變我們的觀點，就會改變我們未來的行動或反應方式。我收錄阿德爾的故事，不是為了使本書讀者可能面臨的挑戰顯得無足輕重，而是舉例說明，藉由改變我們的態度和觀點，可以避免我們的未來遭到過去支配。

柯拉・傑克斯・柯爾曼
Cora Jakes Coleman

取回力量

「寬恕幫我劃定界限，助我隔離有害的人，
採取負責、明智的行為。」
—— 亨利・克勞德博士

身為 T. D. 傑克斯主教（Bishop T. D. Jakes）和賽
麗塔・傑克斯（Serita Jakes）的女兒，柯拉・
傑克斯・柯爾曼很小就被教導寬恕的重要性。這麼多
年來、歷經這麼多持久的關係，柯拉發現「若我想帶
著寬恕的心過日子，那需要一種對我自己無條件的
愛。」她學到，只要愛自己，便能在任何情況下做出
尊嚴、優雅的舉止。試著保持謙遜和善，寬恕自然就
會降臨，讓她能夠「掌握力量」。

　　柯拉寬恕的能力，受到她視如姊妹的朋友的嚴厲挑戰。柯拉努力多年仍生不出孩子，她的朋友茱莉亞*決定讓她合法收養自己的兒子。三年後，茱莉亞又決定帶回來自己扶養。柯拉和茱莉亞對簿公堂爭奪孩子的監護權。這種背叛的感覺——她最親近的知己公開揭露她最為沉痛，關於不孕、難為人母的掙扎——跟她以往處理過的感覺都不一樣。

　　失去她原本以為可以維繫一輩子的友誼，讓背叛的痛苦更變本加厲。每當難以承受不得不和茱莉亞絕交的事實，她常求助於《聖經》裡〈稗子的比喻〉（"Parable of the Tares"）：「在這則寓言裡，農人在田裡種了麥子。敵人趁他休息時，在田裡種了稗子。當農人清晨一覺醒來，發現整塊地都被改種了，但是他沒有割掉稗子，反而決定讓麥子和稗子一起生長。等到它們成熟後，他才決定連根拔除稗子留著燒，收割麥子做為收成。」

　　柯拉說自己就像麥子，茱莉亞像稗子，麥子努力留住稗子，但是她覺得上帝在告訴她，她必須自我隔

———————————

* 化名，以保護當事人身分。

離。「我不能繼續依附那些從一開始就不該和我種在一起的人，那些最終仍需燒毀的關係。所以，我必須刻意做出有成效、有生產力的決定，不再妄想在我注定無法挽救的局面當救星。」

　　柯拉和茱莉亞為兒子的監護權纏訟了將近兩年。直到訴訟結束，柯拉才真正覺得自己能說已經原諒茱莉亞。在那兩年內，柯拉每天都為她的朋友禱告。她試著向她伸出手，提醒她兩人的情誼和共有的回憶，希望茱莉亞明白這樣的背叛有多傷人。她記得，曾為茱莉亞禱告到上帝叫她不要再禱告的地步——就放她的朋友走吧！柯拉寫了封長信給茱莉亞，說她已經原諒她所做的一切。她也請茱莉亞寬恕。寫了那封信之後，柯拉終於能夠放下這份友情。

　　起初，柯拉難以接受一段看似永恆的友誼戛然而止。她覺得必須寬恕自己執著於一段注定不會永遠的關係。她必須脫離那種模式，「走入命運，別再耿耿於懷。」

　　現在回顧，柯拉明白，為了維繫健康、正向的關係，能夠寬恕、繼續前進是我們應負的責任。雖然朋友已從生命中消失，現在柯拉已能平靜看待自己的決

定。寬恕朋友以後，她便能毫無怨恨地往前走。沒有留住茉莉亞，「不代表我沒有寬恕她，那代表我已經取回我的力量，收回我的責任。」柯拉知道，每段關係都有高低起伏，有些友情能夠通過壓力的考驗。有些朋友要努力解決問題，度過她所謂的「基礎建構時刻」，而後交情深厚的兩人便能坦承自己的錯誤、更加理解對方的需求，一同往前邁進。

今天，提到老友背叛，已經不再像之前那樣刺激柯拉了。「現在，我毫無感覺了。並非一直如此，但是現在我知道，我已經寬恕她了。我已經原諒你，所以你不會再影響我的情緒了。」如今回頭看，她覺得這段友誼結束只是一種失望。

柯拉也從小教導孩子寬恕。她教他們說「我道歉」（I apologize），而不是「對不起」（I'm sorry）──並且明白兩者的差異。對她來說，「我道歉」是為自己的行為承擔責任，「對不起」則並未完全承認你在錯事中扮演的角色，亦未暗示你打算改變做法。如她所言：「道歉是為了你自己，那表示你不會再做一樣的事情，或是以同樣的方式回應了。那是道歉的意義。」不管你是提供或接受寬恕的人，這都是放下痛苦與罪惡

感、重新向前走的機會。

對柯拉來說，寬恕不是你賜予他人的東西，而是你送給自己的禮物：「寬恕與背叛你、欺騙你或拒絕你的那個人無關；寬恕，對我來說，是我取回自己的力量，不再讓別人影響我的情緒。」她說，當傷害過我們的人，已經無法左右我們的情緒，我們就知道自己是真的寬恕對方了：「他們已經沒有讓你生氣、沮喪或不安的能耐了。」

並非每一份友誼都能長存。十四歲時何其美好的少年情誼，或許到了二十八歲時已不如你意。那沒有關係，人都會改變，都會成長，有時我們的友情就是無法隨著我們的需求改變和成長。雖然那可能令人心痛，但有時你必須省視一段舊情誼，問自己，那在你身心成熟之後是否依舊健康。以往，每當我產生這種疑慮，我常會把這種感覺推開，因為結束一段舊情誼看來不大對勁。後來我才

了解，有時結束一段關係，是唯一能夠忠於自己的方式。

　　聽柯拉談到為自己的身心幸福著想，她必須和朋友斷開時，我心有戚戚焉。有時不管我們多麼努力幫助對方，或努力維繫情誼，對我們來說，往前走都比較健康。當柯拉告訴我，她結束友誼的方式，是透過寫信告訴朋友自己已經原諒她了，我不禁想起自己做過類似的事情，來結束與至交二十五年的情誼。就我個人的經驗，我同意柯拉這句話：當你聽到對方的名字，心中已不起漣漪，你就知道你真的寬恕了。對我來說，我花了好幾年才到達那個境界，而每個人需要的時間都不一樣。不管那個過程——從交友、背叛到終於寬恕——要花多少時間，這段旅程都能幫助你取得力量往前走。

　　我喜歡柯拉把寬恕之旅比作「基礎建構時刻」——再同意也不為過。雖然那些時刻在當時無比艱辛和痛苦，但現在回頭看，我認為正是那些時刻，讓我變得更強大。我一

直試著在萬事萬物中尋找課題，對我來說，
摯友的背叛正是這麼做的機會：哀悼失去、
寬恕、繼續前行，活出完整、自在的人生。

22

塞巴斯蒂安·馬羅崑
Sebastián Marroquín

承擔父親的罪

「寬恕尤其是個人選擇，決心違反以牙還牙的本能。」
—— 教宗聖若望保祿二世（Pope John Paul II）

塞巴斯蒂安·馬羅崑1977年生於哥倫比亞麥德林。他對父親最早的記憶相當尋常：教他游泳、一起下棋、裝飾聖誕樹。他的父親慈祥又關愛，毫不掩飾情感，只想給兒子最好的。但隨著年歲漸長，塞巴斯蒂安漸漸發現，他父親的人生非比尋常。他們一家人住在豪家大院，家裡卻沒有電話。他們很少出遊，只要出遊，身邊總有保鑣圍繞。然後，他的父親開始在新聞裡出現，有時是為了公共工程，例

如：資助興建學校或足球場，有時則是為了沒那麼利他的工程。塞巴斯蒂安的父親，是惡名昭彰的哥倫比亞毒梟巴布羅・艾斯科巴（Pablo Escobar）。

年歲漸長，塞巴斯蒂安也逐漸了解父親興建的暴力帝國，以及好多人為了維持帝國而喪命。他表達反對，告訴父親：「我愛你，但我不認同你的作為。我認為，你在為很多人製造嚴重傷害。你應該想辦法拋開一切，為了你自己和家人尋求平靜。」但艾斯科巴已不能回頭，這讓塞巴斯蒂安陷入拉扯，既想親近他深愛的溫柔父親，又想疏遠那個讓國家動盪不安的殘忍毒梟。他向父親解釋，他無意追隨他的腳步；如果父親執意用暴力來證明自己的論點，塞巴斯蒂安會用他的心和言語來建立一個截然不同的世界。

1993年，艾斯科巴在與哥倫比亞警察的槍戰中中彈身亡，他的恐怖霸權隨即瓦解。那是官方版本，塞巴斯蒂安相信他的父親是自我了斷的。艾斯科巴曾向家人——及敵人——保證，他絕對不會被生擒；他會自己讓子彈貫穿腦袋。去世當天，艾斯科巴打了十次電話聯絡家人。塞巴斯蒂安從小到大沒有用過電話；警方太容易追蹤電話了。他的家人在試圖逃離哥國未

果後，更受到警方嚴密監控。艾斯科巴打那些電話，是要讓家人知道，他愛他們。

　　塞巴斯蒂安心裡清楚，父親自盡是為了保護摯愛的性命。「他打從心底知道，如果他不傳出死訊，下一個目標就是他的家人：他的妻兒。」被問到是否對父親自盡感到憤怒，塞巴斯蒂安說：「我明白父親自殺，或許是他為了家人做出的最大的愛的表現。他知道，唯一能放我們自由的方式，就是自我了斷。」

　　但暴力並未隨著父親的死而中止。

　　乍聞父親死訊，塞巴斯蒂安怒不可抑。他在現場廣播節目上對一位新聞記者發誓，他會親手殺掉殺害他父親的那個人。十分鐘後，他明白自己犯了可怕的錯。他立刻向哥倫比亞全國人民道歉，並宣布：「如果有一天，我可以做些什麼為這個國家帶來和平，我一定會做。」然後，他向所有受雇於他父親的人發出訊息，請他們停止暴力，不要再傷害任何人。儘管如此，父親的敵人仍出四百萬美元賞金要他的人頭。對塞巴斯蒂安來說，這段時間岌岌可危；他誰也不能信任，連警方也不例外。他和家人逃出哥倫比亞——先到莫三比克，再轉往阿根廷。就在那時，這位原本跟

著父親叫胡安・艾斯科巴（Juan Escobar）的忠誠兒子，不得不改名換姓。

　　為了走出父親的陰影，塞巴斯蒂安決定為父親的罪行——他完全沒有參與的罪行——承擔責任，懇求受害者寬恕。他將這個過程拍成紀錄片，名為《我父親的罪過》（*Sins of My Father*）。這項計畫讓他有機會接觸到父親受害者的遺屬，代表父親請求寬恕。「我由衷相信，我必須替我父親的作為承擔某種責任。就算我沒犯什麼罪，我仍覺得該負起請求寬恕之責。」朋友說他瘋了才會進行這場寬恕任務，說他父親的受害者絕對不會原諒他，他這樣做只會掀開舊傷口，害自己成為被報復的對象。但塞巴斯蒂安必須一試。

　　他先聯絡兩位最重要的受害者——政治領袖羅德里格・萊拉（Rodrigo Lara）和路易斯・卡洛斯・加蘭（Luis Carlos Galán）——的家人。萊拉在哥倫比亞司法部長任內決心揭發艾斯科巴和麥德林集團，於1984年遭艾斯科巴的殺手暗殺身亡。加蘭則是受歡迎的總統候選人，常直言批判販毒集團，後於1989年一場競選活動中槍身亡。兩戶人家都張開雙臂、敞開心胸歡迎塞巴斯蒂安。他願意為父親的行為承擔責任，那些遺

屬也願意寬恕，堪稱主宰哥倫比亞數十年報復文化的
轉捩點。

　　接下來，塞巴斯蒂安聯繫哥倫比亞航空203號班
機罹難者的遺屬。1989年11月，這架民航班機在
枚炸彈於機上爆炸後墜毀，107名乘客及機組員全部
喪命。艾斯科巴策畫這起爆炸事件，是為了暗殺另
一位與集團為敵的總統候選人。同樣地，遺屬也接受
塞巴斯蒂安的懇求，給予寬恕。我問他，要是有人告
訴他，他父親惡貫滿盈，他們無法饒恕他，他會怎麼
辦？他說，他會尊重他們的決定：「請求寬恕時，你
不該期望肯定的答覆。」他相信，人們會接受他的懇
求，是因為他們知道他的出發點是愛，而非政治考量。

　　2009年，塞巴斯蒂安首次公開談論寬恕，很多哥
倫比亞人都很驚訝，因為寬恕與和解不是這個國家時
常討論的事。數十年來，國人的心性都是「射死那傢
伙就對了，比賽結束！那就是我們哥倫比亞解決事情
的方式。」但今天，當塞巴斯蒂安走在哥倫比亞街道
上，常有陌生人停下來感謝他所做的努力，那對這個
國家產生的正面效應非常強大。對他來說，關於父親
的紀錄片只是對話的開始──受害者與攻擊者之間的

對話，而那一直持續到今天，有望幫助兩個團體撫平往日創傷，重建和解之路。塞巴斯蒂安由衷相信，和平指日可待，在哥倫比亞也不例外。

　　塞巴斯蒂安之所以展開這段旅途，代表父親祈求寬恕固然重要，另一個重要原因是，他希望有一天能生個兒子。塞巴斯蒂安明白自己因父親的罪行蒙受了什麼樣的恨，他不想將這傳遞給下一代。「為了我兒子的將來，我必須盡我所能，起碼留給他一個比較好的世界。」他等了二十多年才有孩子，因為他和妻子想先確定他們不會遭到父親罪行受害者的糾纏。他說：「為了兒子，我保證一輩子循規蹈矩。」

　　塞巴斯蒂安想對現年六歲的兒子坦承他的祖父是誰、犯了什麼樣的罪，但他也想跟兒子分享他的祖父對家人有多慈愛。他知道，如果他父親還活著，一定會給孫子無條件的愛，就像他傾注給塞巴斯蒂安的一樣。塞巴斯蒂安希望兒子認識真正的巴布羅・艾斯科巴，不只是媒體描繪的那個陰森可怕的人物。這就像燃料，燃燒著塞巴斯蒂安想在著作及影片中記錄父親生平的熱情。他想留給兒子正向的精神——基於事實、鼓勵他追尋愛與寬恕的精神。他說，他天天祈禱

他的兒子「不敢像自己的祖父那樣。」

　　我問塞巴斯蒂安，他是否寬恕了父親所犯的罪，以及留給他這麼可怕的債？他回答，他從不覺得自己必須寬恕父親：「我不是上帝，我沒有權力評斷他。其次，我既出自於他，就無法對事情保持中立客觀，因為我跟他太親近了。說真的，我的父親只有給我愛，我從他身上只接收到愛，我要怎麼恨他呢？我又有什麼立場說：『我願寬恕你這個，寬恕你那個』，或『我譴責你這個，譴責你那個』呢？我真的不認為那是一個兒子該有的舉動。我從沒想過我可以評斷自己的父親。我認為那是上帝的工作，是社會的工作。」

　　塞巴斯蒂安至今仍在哥倫比亞各地奔走，向遭受他父親暴力影響的人家賠罪。他明白，這段旅程對他拜訪的家庭具有正面效應。「走過寬恕的過程，他們當然覺得比較舒坦了，覺得自己可以用某種方式拋棄仇恨和痛苦。我認為，寬恕不等於忘記，感受才是重點。那不是在告訴對方：『你必須忘記某件事』，重點是療癒，是關於放下讓我們心煩意亂的仇恨。」

　　今天，塞巴斯蒂安是建築師、兩本書的作者和一部兩階段紀錄片的導演。但他知道，他的身分永遠有

一部分是「巴布羅・艾斯科巴之子」。他知道，他的寬恕之旅永遠不會結束，這是他的終身任務。他能有機會和父親受害者的家人做朋友，這帶給他莫大的希望。每一次回哥倫比亞，他都會拜訪那些人家，而那些人家都歡迎他進家門，也進入他們的心門。「他們留給我無限希望。這無法改變過去，但我正在改變現在，而那當然會影響未來。」

我是在看過塞巴斯蒂安的紀錄片、讀了他寫的精彩著作後跟他聯絡的。我知道，一個奉獻一生為父親請求寬恕的人，一定深諳寬恕之道，也明白賠罪道歉具有多驚人的療癒力。令我訝異的是，塞巴斯蒂安竟如此深愛他的父親，以及請求寬恕如此深刻地改變了他的人生，以及無數哥倫比亞人的生命。

　　塞巴斯蒂安決定走訪世界，向素不相識的陌生人懇求寬恕，就算不知道可能會獲得何種反應，這項決定向我證明，寬恕的重點

其實不是雙方達成寬恕的共識，重要的是表現寬恕的舉動。不論我們是請求寬恕或給予寬恕，我們通常會擔心可能得到的反應。塞巴斯蒂安的旅程向我證明，請求寬恕的舉動絕對不容易——就算你是為別人請求——但重要的是你誠懇地表示了，而那也會讓你前行的路走得更輕鬆。

塞巴斯蒂安公開懇求寬恕，已協助將哥倫比亞歷史最黑暗的一章，轉變成希望的故事。那教會我，寬恕是能夠超越世代的力量，也能縫合曾經撕裂整個國家的傷口。

結語

　　因為這本書裡的故事，我已經變了一個人，既然你也讀了，或許你也煥然一新了。老實說，剛展開這段旅程時，我不知道可以期望什麼。但一踏上，我就知道將被自己聽到的故事永遠改變，而我聽到的故事可多了。事實上，故事多到我不可能悉數納入這本書，因為過去幾年只要我和人說話，故事就會自然向我湧來。

　　每當有人問我在做什麼，我會告訴他們：「我在寫一本探討寬恕的書。」我會告訴他們我在採訪誰，會說說我自己的寬恕之旅。人們的臉色會倏然一變——有人微笑，有人遲疑，有人馬上哭了起來。幾乎毫無預警，寬恕的故事脫口而出，滔滔不絕。家人決裂、手足衝突、伴侶分手、婚姻破碎的故事。有些人繼續努力寬恕，有些人淚流滿面，堅決表示永遠不會原諒對方。所有故事都是通往寬恕、自由的深刻個人旅程，這些說故事的人有共通點嗎？有的：大家都

想知道更多。

　　不論我們是獲得寬恕或給予寬恕，不論我們是否仍苦苦掙扎，我們對寬恕都不陌生。在這段路程，最令我百思不解的是，大家竟會對理解寬恕深感好奇──想知道怎麼在現實生活中實踐，不論是對朋友、伴侶、前任、家人或已故的父母。這一路走來，最令我感動的是，我的受訪者都找到方法將痛苦轉化為決心。他們的堅強，屢屢讓我大吃一驚。

　　在寫這本書的過程中，有時我在採訪後幾乎沒辦法開口說話，有時成天滿腦子都是我聽到的故事，和那些人展現的不可思議的力量。我跟其中一些人一起哭泣，也深受他們每一個人鼓舞。

　　「寬恕」是一個能讓人們停下來思考的詞語。那承載著相當的重量，迫使我們問自己不舒服的問題：我能寬恕我不該遭受的傷害嗎？我能原諒從沒說過「對不起」的人嗎？如果我還在生氣，那代表我還沒寬恕嗎？如果我始終沒有到達可以說出「我原諒你」的境地，也沒有關係嗎？

　　我現在明白，理解寬恕、實踐寬恕，是隨時隨地的事。某些人實踐起來比其他人容易；我自己則持續和寬恕奮鬥。我一生曾有完全拒絕寬恕的時候，也有號召寬恕的能力令我驚訝的時候。在寫這本書時，我的過往曾經悄悄爬上心頭；我以為已經寬恕的人，再次在我生命浮現，向我證明我還得繼續努力。我以為自己對某些情境的看法永遠不會改變，但我在寫這本書時汲取的知識，已經幫助我改變了。我經常回頭溫習這些故事，幫助自己度過難關。明白世上有好多方法可以實踐寬恕，我深受鼓舞，決心懷著希望和正向態度往前進。

　　我們都知道受傷和痛苦的感覺；我們都經歷過生命陷入混亂、拚命想找回自我、抓住自我的創傷。不論是被最好的朋友或另一半背叛、在暴力事件中痛失摯愛，或熬過可怕的磨難，我們都經歷過改變生命進程的種種，因而有了寬恕的機會。我用「機會」一詞，是因為寬恕既是你給自己，也是你可以獻給他人的禮物。

　　你要怎麼寬恕、何時寬恕、要不要寬恕，都可能形塑你往後的人生選擇。如果你覺得這本書讓你一無

所獲，我希望你明白，寬恕並非一體適用，它有各式各樣的形態，對每個人展現的面貌可能截然不同。那可能要花一天、可能一年，也可能需要你傾盡餘生來達成。或者，它可能永遠也不會發生，那也沒有關係。

　　寬恕很少是一次簡單的行為，多半是一個持續不斷的過程，脫離某個特定事件或某個人，逐漸獲得自由和內在平靜。寬恕是你不再抱持怨恨、憤怒、羞恥等負面感覺的時候，是你可以放下它們的時候，是你不再允許某件事掌控你的人生的時候——身心靈都不會。寬恕是承認受傷和痛苦，允許自己去感受，然後到達你可以放下受傷和痛苦、但並未忘卻的境地。

　　我相信，一切都是上帝安排的時程——的確，直到請求上帝幫助，我才覺得可以在人生中循序前進。過去的傷口偶爾還隱隱作痛嗎？當然。但那正好提醒我修正觀點，運用我從本書受訪者學到的工具來擺脫舊傷口，繼續過我的人生。我們經常在憤怒與痛苦中尋得安慰，而放開憤怒與痛苦的想法，可能令人提心吊膽、極不自在，有時甚至感覺像背叛你的傷。有些人會運用自己源自特定事件的憤怒來助燃改變的熱情，有些人則執著於痛苦，像執著於某種財產，或不

可或缺的身體部位。每一天都是重新嘗試的機會，如果我們選擇重新嘗試的話。

　　如我在序言中所言，我不是寬恕專家，也不認為若換成自己面臨像書中許多受訪者那樣的處境，能夠做得跟他們一樣好。他們的故事深深打動我、啟發我，讓我有幸能以不同的眼光看待寬恕。聽他們的故事讓我放心，不論未來人生將遭遇什麼，我都可以刻意選擇寬恕。今天，當我感受到憤怒、悲傷或發自舊傷口的疼痛，我會回想那起事件，認清自己已經寬恕，但我會溫柔對待自己。我會記得盡我所能，而每一天都有重新檢討的機會。

　　當我跌出寬恕的道路——人人都有跌出的時候——現在我知道，我擁有重整旗鼓的力量和工具，就算我得嘗試很多次，才能到達我想去的地方。我相信寬恕，而非遺忘。我相信，生命中的每一件事會發生都是有原因的，有時我們必須耐住性子了解原因。

　　我非常感激自己多年前就展開這段旅程，因為那不僅讓我更嚴格地省視友誼，也得以更嚴格地審視人生的各個層面。我藉由寬恕努力完成了許多任務，也找到更富同情心、同理心的自己。我由衷相信，若我

沒有及早展開這段旅程，就不可能成為今天的自己，覺得快樂、完整、安全、有信心、有能力且滿懷感激。在你踏出第一步時，你永遠不知道在往後的道路上可能會發生什麼事。

如果你挑了這本書，那代表你可能跟我一樣，對寬恕充滿好奇。希望這本書也能像當初幫助我那樣幫助你。非常感謝許多朋友和我分享他們勇敢、艱難的旅程——他們全都選擇參與，因為他們希望自己的故事，能夠幫助有類似境遇的人。他們全都親身體驗過寬恕的過程有多具挑戰性，因此他們了解，絕對不要評斷任何人的經歷，這也是我學到的課題。

這本書對我影響深遠，希望對你也是如此。最重要的是，我希望你了解，你在寬恕的旅途上並不孤單；我也希望你明白，不論你選擇用何種方式抵達，療癒、希望和愛都在另一端等著你。寬恕沒有時間表，所以慢慢來沒有關係。試著不要評斷自己、不要評斷他人，也要記得在路的盡頭，有一份禮物在等著你——寬恕的禮物。

輪到你了

在寫這本書的過程中，我常被迫正視自己的過往和現在。某些人，我以為自己已經寬恕了，其實沒有。某些人，我原本不知道需要寬恕，又浮了上來。某些情境，我以為已經順利度過了，才明白還需要更多努力。我們不可能毫髮無傷地走完人生，或者從未曾傷害過任何人。當傷害發生了，我們可以選擇面對、試著理解，然後放下。我們可以選擇寬恕，讓自己卸下過往的重擔。

我發現，當我們說「寬恕」這個詞的時候，我們的心會回到某個人、某個地方、某個情境——某件尚未解決的事，那件我們忘不了的事。若說我從寫這本書的過程中學到一件事，那就是寬恕極為困難且複雜，對每個人來說都不一樣。但是，一旦做到——確切、徹底做到——寬恕便是你可以送給他人和自己最棒的禮物。當我們能夠寬恕，我們的人生會變得更美好，我們也自由了。

　　既然你讀完這本書了，我鼓勵你停下來，仔細回想。請運用下列的空間，寫封信給你想要寬恕的人（甚至是你自己），或者你希望能夠給予你寬恕的人。你可以把這些文字留下來，或是分享出去。你可以把這本書分享給你覺得能夠從中獲益的人，也可以告訴對方你的旅程。分享你的故事和你的奮鬥，可以幫助其他正在奮鬥的人，也可以幫助你自己。

　　所以，寫封信給某個老友、你的舊愛、甚至某個已經不在人世的對象，或是給你自己吧。寫信給某個傷害過你或你曾經傷害過的人。做好準備，迎向更自在、更輕盈的人生。祝你好運！

_____

_____

_____

_____

_____

謝辭

　　首先，我要感謝在這本書裡出現的每一個人，願意把他們寬恕的旅程分享給我。他們的故事真實、脆弱、令人動容，他們願意與我分享，我真的不勝感激。

　　沒有優秀團隊的愛與支持，這本書不可能寫成：妮娜・瑪多尼雅・歐許曼（Nena Madonia Oshman）和珍・米勒・瑞奇（Jan Miller Rich），我每一本書都跟她們合作。她們提供我豐沛的愛和指引，對我來說，她們的友誼就是全世界。

　　感謝我的編輯潘・多爾曼（Pam Dorman）和潔若米・歐頓（Jeramie Orton），她們與我研討書中的每一項細節，極有耐心又親切和善。也要感謝我的經紀人和摯友希拉蕊・威廉斯・鄧拉普（Hilary Williams Dunlap），謝謝妳天天支持我，天天為我做的和在意的一切奮戰。

　　感謝書封設計Nayon Cho耐心、親切地與我來回多次，讓本書原文版封面臻於完美。非常感謝我的摯

友、我美好的家人——感謝我的母親給我忠告，有問必答；感謝我妹妹克莉絲蒂娜（Christina）提供出色的點子，在書中添增反思的部分；感謝我的弟弟派翠克（Patrick）和克里斯多福（Christopher），以及我父親全力支持我的寫作過程和出書的想法；當然還有給予我莫大幫助的丈夫克里斯（Chris），他聽我說話、給我愛和建議，陪我寫完整本書。我要感謝我的繼子傑克（Jack）一直逗我笑。他們聽了我的每一場訪談，應付我的每一次領悟和掙扎，幫助我更深入理解寬恕。我也深深感激威爾‧泰克（Will Thach），我小時候就認識他了，他大力督促我寫作、思考，並在每一次的訪談後聽我說話，幫助我理解其中的意義。

最後，我要感謝所有給我時間，與我分享智慧、痛苦、心碎與希望的勇者。這本書因你們而存在，謝謝你們！

想要了解更多關於寬恕的資訊，請查詢下列貢獻卓著的組織：

寬恕計畫（The Forgiveness Project）

世界寬恕聯盟（Worldwide Forgiveness Alliance）

多位接受本書採訪的人士都有自己的著作，列舉

如下，提供給有興趣深入了解他們故事的讀者參考：

- 伊莉莎白・史馬特 Elizabeth Smart

  My Story

  Where There's Hope: Healing, Moving Forward, and Never Giving Up

- 克里斯・威廉斯 Chris Williams

  Let It Go: A True Story of Tragedy and Forgiveness

- 伊瑪奇蕾・伊莉芭吉札 Immaculée Ilibagiza

  《我的名字叫伊瑪奇蕾：種族滅絕倖存者的真實告白》（*Left to Tell: Discovering God Amidst the Rwandan Holocaust*）

  Led by Faith: Rising from the Ashes of the Rwandan Genocide（*Left to Tell*）

  Our Lady of Kibeho: Mary Speaks to the World from the Heart of Africa

  Sowing the Seeds of Forgiveness: Sharing Messages of Love and Hope After the Rwandan Genocide

  A Visit from Heaven

  The Boy Who Met Jesus: Segatashya of Kibeho

The Rosary: The Prayer That Saved My Life

The Story of Jesus and Mary in Kibeho: A Prophecy Fulfilled

- 朗恩・霍爾 Ron Hall

《紳士與流浪漢》(*Same Kind of Different As Me: A Modern-Day Slave, an International Art Dealer, and the Unlikely Woman Who Bound Them Together*)

What Difference Do It Make?: Stories of Hope and Healing

Workin' Our Way Home: The Incredible True Story of a Homeless Ex-Con and a Grieving Millionaire Thrown Together to Save Each Other

- 黛博拉・科巴肯 Deborah Copaken

《鏡頭下的情人》(*Shutterbabe: Adventures in Love and War*)

Between Here and April

Hell Is Other Parents: And Other Tales of Maternal Combustion

The Red Book

The ABCs of Adulthood: An Alphabet of Life Lessons

The ABCs of Parenthood: An Alphabet of Parenting Advice

- 納迪雅・波爾茲－韋伯 Nadia Bolz-Weber

Salvation on the Small Screen? 24 Hours of Christian Television

Pastrix: The Cranky, Beautiful Faith of a Sinner & Saint

Accidental Saints: Finding God in All the Wrong People

Shameless: A Sexual Reformation

- 路易斯・豪斯 Lewis Howes

The School of Greatness: A Real-World Guide to Living Bigger, Loving Deeper, and Leaving a Legacy

The Mask of Masculinity: How Men Can Embrace Vulnerability, Create Strong Relationships, and Live Their Fullest Lives

- 史嘉蕾・劉易斯 Scarlett Lewis

Nurturing Healing Love: A Mother's Journey of Hope & Forgiveness

- 德馮・富蘭克林 DeVon Franklin

The Wait: A Powerful Practice for Finding the Love of Your Life and the Life You Love

Produced by Faith: Enjoy Real Success without Losing Your True Self

The Truth About Men: What Men and Women Need to Know

The Success Commandments: Master the Ten Spiritual Principles to Achieve Your Destiny

• 蜜雪兒・萊克萊爾 Michelle LeClair

Perfectly Clear: Escaping Scientology and Fighting for the Woman I Love

• 蘇・克萊伯德 Sue Klebold

《我的孩子是兇手：一個母親的自白》（*A Mother's Reckoning: Living in the Aftermath of Tragedy*）

• 馬克・凱利 Mark Kelly

Mousetronaut: Based on a (Partially) True Story

Gabby: A Story of Courage and Hope

Astrotwins: Project Rescue

Enough: Our Fight to Keep America Safe from Gun Violence

• 譚雅・布朗 Tanya Brown

Finding Peace Amid the Chaos: My Escape from Depression and Suicide

- 柯拉・傑克斯・柯爾曼 Cora Jakes Coleman

  Faithing It: Bringing Purpose Back to Your Life!

  Ferocious Warrior: Dismantle Your Enemy and Rise

  Victory: Having the Edge for Success in the Battlegrounds of Life

- 塞巴斯蒂安・馬羅崑 Sebastián Marroquín

  Pablo Escobar: My Father

Star 星出版　身心成長 B&S 004

寬恕的禮物

22 則真實人生故事，
學習放手、繼續往前走

The Gift of Forgiveness
Inspiring Stories from Those Who
Have Overcome the Unforgivable

國家圖書館出版品預行編目（CIP）資料

寬恕的禮物：22 則真實人生故事，學習放手、繼續往前走／
凱薩琳・史瓦辛格・普瑞特（Katherine Schwarzenegger
Pratt）著；洪世民 譯 . -- 第一版 . -- 新北市：星出版：遠足
文化事業股份有限公司發行 , 2022.12
224 面；14x20 公分 . --（身心成長；B&S 004）.
譯自：The Gift of Forgiveness: Inspiring Stories from Those
Who Have Overcome the Unforgivable

ISBN 978-626-95969-8-0（平裝）

1.CST: 寬恕 2.CST: 心理創傷 3.CST: 心理治療

176.56　　　　　　　　　　　　　　　111014771

The Gift of Forgiveness by Katherine Schwarzenegger Pratt
Copyright © 2020 by Katherine Schwarzenegger Pratt
This edition published by arrangement with Viking, an imprint of
Penguin Publishing Group, a division of Penguin Random House LLC.
Complex Chinese Translation Copyright © 2022 by Star Publishing,
an imprint of Walkers Cultural Enterprise Ltd.
All Rights Reserved.

作者 —— 凱薩琳・史瓦辛格・普瑞特
　　　　Katherine Schwarzenegger Pratt
譯者 —— 洪世民

總編輯 —— 邱慧菁
特約編輯 —— 吳依亭
校對 —— 李蓓蓓
原文書封設計 —— Nayon Cho
封面完稿 —— 劉亭瑋
內頁排版 —— 立全電腦印前排版有限公司

讀書共和國出版集團社長 —— 郭重興
發行人兼出版總監 —— 曾大福
出版 —— 星出版／遠足文化事業股份有限公司
發行 —— 遠足文化事業股份有限公司
　　　　231 新北市新店區民權路 108 之 4 號 8 樓
　　　　電話：886-2-2218-1417
　　　　傳真：886-2-8667-1065
　　　　email: service@bookrep.com.tw
　　　　郵撥帳號：19504465 遠足文化事業股份有限公司
　　　　客服專線 0800221029
法律顧問 —— 華洋國際專利商標事務所 蘇文生律師
製版廠 —— 中原造像股份有限公司
印刷廠 —— 中原造像股份有限公司
裝訂廠 —— 中原造像股份有限公司
登記證 —— 局版台業字第 2517 號

出版日期 —— 2022 年 12 月 21 日第一版第一次印行
定價 —— 新台幣 380 元
書號 —— 2BBS0004
ISBN —— 978-626-95969-8-0

新觀點
新思維
新眼界